1848

Die verunglückte Revolution

Zwei Zeitzeugnisse und ein Interview

© 2022, Peter Bothe
Herstellung und Verlag:
BoD – Books on Demand, Norderstedt
ISBN: 9783754359624

Die Frauenpolitikerin Louise Otto-Peters

und

der Schriftsteller Theodor Storm

Lebensgeschichten und ein Interview

Vorwort

Das Jahr 1848 war durch gesellschaftliche Unruhen und politische Umbrüche geprägt. Die arbeitende Bevölkerung sowie die intellektuelle Avantgarde widersetzten sich den repressiven und reaktionären Bestrebungen der Regierenden.

In diesem Buch werden die Biografien von zwei schriftstellerisch wirkenden Personen vorgestellt, für die dieses Jahr prägend war. Beide sind fast gleichaltrig und am Anfang ihrer Karrieren. Doch wie verschiedenartig, wenn auch gleichermaßen ereignisreich, werden ihre Lebenswege verlaufen!

Hier der Schriftsteller, Rechtsanwalt und Richter Hans Theodor Woldsen Storm aus Husum, der mit seiner Lyrik und Prosa zu den bedeutendsten Vertretern des bürgerlichen Realismus gehört. Storm ist vor allem für seine Novellen bekannt, empfand sich allerdings in erster Linie als Lyriker und sah die Gedichte als Ursprung seiner Erzählungen.

Dort die sozialkritische Schriftstellerin, Frauenaktivistin und Mitbegründerin der bürgerlichen, deutschen Frauenbewegung Louise Otto-Peters. Sie publizierte zunächst unter Pseudonymen eine Vielzahl von Gedichten, Erzählungen und Romanen. Unter dem Motto „Dem Reich der Freiheit werb` ich Bürgerinnen" gründete sie 1849 eine Frauen-Zeitung und 1865 den Allgemeinen Deutschen Frauenverein..

Beide stammen aus ähnlichen, bürgerlichen Haushalten, entwickeln aber ihr schriftstellerisches Schaffen in unterschiedlichen Milieus. Dies wird anhand von lyrischen Beispielen und insbesondere im abschließenden Interview deutlich gemacht.

Bei historischen Zitaten habe ich die Originalversion beibehalten. In allen anderen Passagen wurde soweit wie möglich geschlechterneutral formuliert. Um eine bessere Lesbarkeit zu ermöglichen, habe ich auf Fußnoten verzichtet. Literaturhinweise sind dem Anhang zu entnehmen.

Teil I

Theodor Storm und Louise Otto-Peters
und die 1848er Revolution

„Wenn hoch vom Turm die Glocken klingen,
in mitternächtlich ernster Stund`
Des Jahres Scheidegruß zu bringen:
Dann lauschen wir, als werd`uns kund,
Was nun der neue Lauf der Horen
Uns Erdenpilgern bieten mag -
Das Jahr ward neuverjüngt geboren
Und festlich grüßt sein erster Tag."

Diese ersten Zeilen des aus sechs Strophen bestehen-
des Gedichtes „Jahreswechsel" sind in den 1860er
Jahren geschrieben worden; sie könnten vom frühen
Storm stammen, getragen und bedeutungsschwer,
vielleicht ein wenig schwülstig–doch geschrieben hat
sie Louise Otto-Peters. Rund 630 Kilometer liegen
zwischen dem nordfriesischen Husum, dem sächsischen Meißen und damit den beiden!

Louise wird am 26.März 1819 als Tochter des Gerichtsdirektors Fürchtegott Wilhelm Otto und dessen Ehefrau Christiane Charlotte in Meißen geboren. Sie ist das Letzte von insgesamt sechs Kindern, von denen zwei recht früh starben.

Auch Louise ist nach der Geburt so schwach, dass ihre Eltern sie nottaufen lassen. Sie ist in ihrer körperlichen Entwicklung zurückgeblieben und wird erst lernt mit vier Jahren das Laufen lernen. Auch ihr soziales Umfeld ist dadurch eingeschränkt; gleichaltrige Spielfreundinnen sind nicht bekannt. Da die Mutter ihren Töchtern gern aus den griechischen Sagen vorliest und Schillertexte vorträgt, flüchtet sich die schwächliche Louise in die starken Gestalten der Schillerschen Werke wie den Marquis Posa oder die Jungfrau von Orleans.

Ihre Schwäche kompensiert sie durch einen unbändigen Wissensdrang, der aus heutiger Sicht sicher nicht alters adäquat erscheint und vielleicht mit ihrer Konstitution zu tun hat; sie rezitiert Passagen aus Gedichten und Balladen bevor sie lesen kann. Hier zeigt sich auch die Problematik der psychosozialen Verfassung von hochbegabten Kindern. Wie bei

Storms Heirat ist auch die von Louises Eltern nicht ganz konfliktfrei; sind es auf Storms Seite die Vorbehalte beider Väter gegen eine Verwandtschaftsehe-seine Frau Constanze ist auch seine Cousine-, so ist es bei Louises Eltern der Standesunterschied der Familien.

Christiane Charlotte ist die Tochter des Porzellanmalers Matthäi, dessen Bruder ist Tanzmeister und dessen Sohn wiederum Musiker. Eigentlich völlig unakzeptabel für den angesehenen und vermögenden Meißener Arzt und Bräutigamvater!

Beide heiratswilligen Paare müssen demnach eine lange Verlobungszeit hinnehmen; bei Louises Eltern sind es vier Jahre! Dann sind auch die Bedenken des strengen Großvaters Wilhelm zerstreut–sicher befördert durch die Schwangerschaft der künftigen Schwiegertochter. Als er bemerkt, dass sein Sohn nicht von der Heirat abzubringen ist, schenkt er dem jungen Paar eines seiner Häuser und willigt-wohl mürrisch brummend-in die Ehe ein. Sie heiraten schließlich am 28. Mai 1810 und bereits im Dezember des Jahres ist die Geburt Louises ältester Schwester Clementine vermerkt.

Es mag sein, dass die Jahrzehnte spätere Rückschau Louises auf Kindheit und Jugend-psychologisch und menschlich nachvollziehbar-geschönt und verklärt erscheint; dennoch schildert sie treffend und wirklichkeitsnah das Leben in einem gut bürgerlichen Haushalt.

Insbesondere die Ausführungen zur Vorratswirtschaft und die detailgetreue Darstellung der Treppen-und Fußbodenreinigung zeigen, wie Alltagsangelegenheiten die kindliche Wahrnehmung und Psyche prägen. Auch das aus heutiger Sicht umständliche „Licht machen" -die exakte Beschreibung des Blechkästchens mit Stab, Feuerstein, Schwefelfaden und davon abgetrennt der Zunder-ist für Louise ein so eindrückliches Erlebnis, dass sie es mit der Stimmungslage vergleicht, die sie beim Anblick ihres ersten gedruckten Gedicht gefühlt hat.

Louises und Theodors Jugendzeit ist geprägt durch die Epoche des Biedermeiers.

Man lebt zurückgezogen, schätzt Familienglück und Privatsphäre hoch ein und vermeidet jegliches politische Engagement. Schlagwörter sind Behaglichkeit, Naturverbundenheit und Heimatliebe.

Wilhelm Fürchtegott Otto ist Gerichtsdirektor auf dem Gut Robschütz und Ratsherr der Stadt Meißen; sein häufig gebrauchter Spruch zu den Töchtern - „Lernt etwas, dann braucht ihr nicht zu heiraten, wenn ihr nicht wollt!"-macht das über das übliche Maß eines großbürgerlichen Konservativen hinausgehende Fortschrittsdenken deutlich.

In diesem sozialen Umfeld wachsen die Kinder auf.

Louises ersten Jahre in der Schule ähneln der des jungen Theodor; sie besucht im Alter von sechs Jahren von 1826 bis 1828 eine Privatschule, die sich in ihrem Elternhaus befindet, anschließend noch einmal sechs Jahre auf einer weiteren Privatschule.

In ihrer Rückschau stellt Louise fest, dass in einem großen Raum alle Kinder, Mädchen wie Jungen, im Alter von sechs bis vierzehn Jahren unterrichtet wurden. Diese Tatsache, die heute in der Schulpädagogik als alters- und klassenübergreifender Unterricht wieder gefordert und teilweise praktiziert wird, hat großen Einfluss auf die Entwicklung des Mädchens. Sie ist schnell vom für die Jüngeren bestimmten Lernstoff abgelenkt und hört lieber den Themen der älteren Schüler zu. Natürlich führt dies zu Defiziten insbesondere beim Rechnen. Der Vater spricht ein Machtwort mit Mädchen und Lehrer.

Als die kleine Schule in ihrem Elternhaus wegen mangelnder Nachfrage geschlossen wird, kommt sie an der Stadtknabenschule in eine neu eingerichtete Klasse mit Jungen und Mädchen. Die Aufnahmeprüfung besteht sie mit Ach und Krach. In den Grundfächern hinkt sie dem Klassendurchschnitt hinterher, dafür ist sie den anderen Schülerinnen und Schülern aufgrund ihrer - durch die Mutter geprägte - Vorbildung in Geschichte und Literatur überlegen. Ihre Lehrer hinterlassen einen tiefen Eindruck auf das Mädchen; der Religionsunterricht wird zum Beispiel dazu führen, dass ihr „nie religiöse Zweifel gekommen sind". Diese Einstellung wird in ihrem späteren politischen Leben noch von Bedeutung sein.
Es fällt auf, dass sie sich mit Kontakten zu Jungen wie Mädchen schwer tut.

Vielleicht rühren ihre sozialen Berührungsängste daher, dass sie sich selbst als „klein, unansehnlich und reizlos" beschreibt–nur auf das üppige, dunkelblonde Haar ist sie stolz.

Wenn die Mutter in ihrer Damenrunde bemerkt, dass „Louise alles aufschnappt", ist dies einerseits ein Hinweis auf ihre geistige Beweglichkeit und Auffassungsgabe, macht andererseits aber auch deutlich, dass das Mädchen Dinge wahrnimmt, die für die kindliche Psyche nicht immer zuträglich sind. Beim Besuch eines Wachsfigurenkabinetts ist ihre Phantasie von den Figuren der Ausstellung so eingenommen, dass sie Fieber bekommt und das Bett hüten muss.

Im Winter 1829/30 muss sie den Schulbesuch aufgrund einer schweren Erkrankung unterbrechen. Als die hinzugezogenen Ärzte keinen Rat mehr wissen, lässt die Familie einen Magnetiseur kommen, der dem Mädchen tatsächlich helfen kann; seit dieser Zeit ist das Kind allerdings mondsüchtig. Der Somnambulismus wird sie bis ins Alter von dreißig Jahren begleiten. Wieder bei Kräften kann sie nun weiter die Schule besuchen. Sie weiß, dass mit ihrer

Konfirmation die Schulausbildung für Mädchen beendet sein wird und erreicht bei den liberalen Eltern, ihre Einsegnung um ein Jahr zu verschieben.

In den „Neuen Bahnen" schreibt sie später über den früheren Mädchenunterricht: „Das Ziel für Knaben war: am Gymnasium die Aufnahmeprüfung zu bestehen–die Mädchen hatten keines!"
Diese Erkenntnis ist für sie das Leitmotiv ihres späteren politischen, journalistischen und schriftstellerischen Handelns sowie der Impetus für die noch folgenden frauenrechtlerischen Forderungen: das Recht der Frauen auf Bildung.
1832 trifft die Familie ein trauriges Schicksal; nach dem Tod ihres Bruders Heinrich im Jahr 1822, der an der „Auszehrung" gestorben ist, ereilt Louises älteste Schwester Clementine 21jährig das gleiche Schicksal.
Clementine war für Louise nicht nur Schwester, sondern geschätzte und geliebte Gesprächspartnerin. Durch sie wird sie geistig angeregt und gefordert.
Im Oktober 1835 stirbt die Mutter an der gleichen tückischen Krankheit.

Um die 1830er Jahre beginnt die Industrialisierung Meißens; eine Eisengießerei, Zuckerraffinerie sowie eine Papierwaren- und Pianofortefabrik werden gegründet. Dies führt zu einem Zuzug von Menschen, die in diesen Betrieben arbeiten. Die räumliche Enge der Wohnsituation durch die gewachsene Einwohnerzahl, die häufig damit einhergehenden unzureichenden hygienischen Verhältnisse befördern diese Infektionskrankheit – die Tuberkulose -, deren Ursachen erst 1882 durch Robert Koch entdeckt werden.

Wie rigoros mit den Erkrankten umgegangen worden ist, schildert die Frauenrechtlerin George Sand recht anschaulich in ihrem Werk „Ein Winter auf Mallorca" am Beispiel des schwindsüchtigen Frèdèric Chopin!

Als im Februar 1836 auch der Vater stirbt, bleiben die verwaisten Schwestern Antonie, Francisca und Louise unter der Obhut der Tante Amalie Matthäi im elterlichen Haus am Baderberg zurück. Die große Wohnung des ersten Stocks wird vermietet, im Erdgeschoss richten sich die Schwestern und die Tante ein. Amalie war von anderem Schlag als ihre Schwester und ihr Schwager; sie teilt weder die liberalen Ansichten des Schwagers, noch kann sie die geistigen und psychischen Befindlichkeiten Louises einschätzen, geschweige denn nachvollziehen. Doch die in früher Jugend erlernte Selbstständigkeit des Mädchens für die ganz praktischen Dinge sowie ihre außergewöhnliche kognitive Entwicklung lassen sie diese schwierige Situation bewältigen.

Da die politischen Veränderungen in Sachsen auch eine Neuregelung des Vormundschaftsrechts bewirkt haben, können die verwaisten Mädchen sich selbst einen Vormund wählen; der Advokat Adolf Lindner wird die Erbschaftsangelegenheiten regeln. Es hat bei den Schwestern wohl keine Probleme bezüglich der elterlichen Erbschaft gegeben; Louise schreibt später, dass jede sich geschämt hätte, diesen oder jenen Gegenstand für sich zu beanspruchen.

Den Sommer 1936 verbringen die Mädchen zum großen Teil in dem Weinberghäuschen, das der Vater vor einigen Jahren gekauft hat. Dort geben sie sich der Erinnerung an die Eltern hin und trauern auf ihre Weise; die plötzliche Elternlosigkeit scheint die Schwestern noch mehr zusammengeführt zu haben.

Für Louise ist dieser Rückzugsort von besonderer Bedeutung, weil sie hier der geliebten Natur mit Flora und Fauna ganz nah sein kann. In geradezu schwärmerischem Duktus beschreibt sie Landschaft und Umgebung ihrer näheren Heimat. In dieser Zeit entstehen zahlreiche Gedichte; sie liest viel. Werke von Schiller, Jean Paul, George Byron, Klopstock werden von den Mädchen untereinander vorgetragen. Zudem hat sie Kontakt zu ihrem ehemaligen Lehrer aufgenommen, der ihr in der Trauerzeit eine große Hilfe ist.

Bekannte und Verwandte aus den elterlichen Familien sind ihnen weiter eine Stütze.

Louise bildet sich autodidaktisch fort und der Wunsch, selbst Schriftstellerin zu werden, wird immer größer; nach der Lektüre von „Urania" von Christoph August Tiedge schreibt sie voller Begeisterung an den Dresdner, der ihr auch antwortet, und den sie später besuchen wird. Es ist wohl ihr erster echter Kontakt mit der Welt der Literatur.

Zu Louises Geburt ist Theodor-am 14. September 1817 geboren-schon anderthalb Jahre alt, wird wohl schon laufen, vielleicht auch sprechen können.

Es ist das Leben einer Großfamilie mit drei Generationen und der Kanzlei des Vaters und Advokaten Johann Casimir Storm unter einem Dach.

Die Beziehung zu seinen Eltern beschreibt Theodor später-schon mehr Realist als Schwärmer-als ausgesprochen kühl: „Ich entsinne mich nicht, dass ich derzeit von ihnen umarmt oder gar geküßt worden".

Kurz und knapp relativiert er dieses Verhalten: „Wir im Norden gehen überhaupt nicht oft über den Händedruck hinaus".

Inwieweit diese Feststellung objektiv zutrifft, kann nicht gesagt werden; als Kindheitserlebnis ist sie offensichtlich eindrücklich gewesen.

Im überschaubaren Husum sind die Nachbarn nah, der große Haushalt mit Gesinde bietet allerlei Abwechselung; vielleicht hat er sich dort die nötigen „Streicheleinheiten" verschafft. Die Lagergebäude der Zuckerfabrik seines Großvaters laden zum Auskundschaften und Toben ein. Er spielt mit gleichaltrigen Kindern aus der Nachbarschaft und tobt auf Dächern und Bäumen.

Der Besuch der Klippschule-eine private Schule ohne ausgebildete Pädagogen, in der die Kinder Lesen, Schreiben und Rechnen zu lernen hatten-ist für Theodor in einer fünfzigjährigen Rückschau „der Beginn der literarischen Bildung".

Wie anders ist die Meinung Louises zu ihrer frühen Schulzeit, in der die Mädchen lediglich Lesen, Schreiben, Rechnen sowie die Hauswirtschaft zu üben hatten!

Besonders wichtig für das erzählerische Werk Storms scheinen indes sein Lebensumfeld und eine Person gewesen zu sein: seine nordfriesische Heimat und ihre Menschen mit einem ausdrücklichen Hang zu Spökenkiekereien und Spuk-und Gespenstergeschichten, sowie Lena Wies, die ältere Schwester seines Kindermädchens Katharina. Mit ihren Geschichten weckt sie Theodors Interesse, ja seine Begeisterung für Sagen und Märchen. Vielleicht hat sie auch seine spätere Einstellung zu Glaube und Kirche beeinflusst, denn ihr Spruch auf dem Sterbebett-Herr

Probst, Se kriegen mi nich!-wird Eindruck hinterlassen haben.

Sie und die „Tonne"-ein Holzverschlag als Rückzugsort und Versteck der Kinder zum Erzählen, Tuscheln und Geheimniskrämern-sind die Grundlage für das narrative Talent Theodors.

Von 1826 besucht er als gut achtjähriger Junge die „Gelehrtenschule" und paukt Homer, Horaz und Livius. Griechisch und Latein sind Pflicht; ebenso die Sprache des Landesherren, die dänische Sprache, die für den späteren Juristen unumgänglich sein wird.

Er hat keine große Meinung von seiner Schule, obwohl sie sicher die Grundlage für seine spätere schriftstellerische Tätigkeit gewesen ist.

Das Primat der Alten Sprachen hat zur Folge, dass er sich mit der Dichtungstheorie der Antike auseinandersetzen muss; Lyrik, Drama und Epik sind neben Übungen zur Rhetorik, Poetik und Dialektik Bestandteile des Unterrichts.

So üben sich nicht nur Theodor, sondern auch einige seiner Klassenkameraden früh in der Formulierung von Gedichten und Dramen.

In diese Zeit fällt auch seine erste Publikation: „Sängers Abendlied" wird am 17. Juli 1834 im „Husumer Wochenblatt" veröffentlicht.

Er merkt später in einem Brief an seinen Sohn Ernst an, dass er in der Rückschau auf seine Schulzeit Schwierigkeiten mit der Verbindung von Dichtung und Wahrheit hat.

„Es wird-wenn es überhaupt was wird, was noch keineswegs gewiß-so eine Art Krautsalat", wird er den Text zu einer Redefeierlichkeit nennen.

Europa steckt derweil in einem dramatischen Umbruch. In Großbritannien, Belgien und der östlichen Schweiz hatte bereits die Industrielle Revolution eingesetzt. Die Schlacht von Waterloo besiegelte das Schicksal Napoleons. Die Ideen der Französischen Revolution waren gescheitert, Europa wird auf dem Wiener Kongress nach altem Muster neu geordnet, die Herrschaft der Fürsten wiederhergestellt. Es kommt zur Gründung des Deutschen Bundes zwischen achtunddreißig, später einundvierzig Einzelstaaten.

Die Zeit ist geprägt von dem Interessenskonflikt zwischen den deutschen Fürsten, welche sich für eine Restauration einsetzten, und dem "Jungen Deutschland" (Studenten, Professoren und Intellektuelle), das nach Freiheit und einer politischen Einheit strebte. Es kommt außerdem zur Gründung von Burschenschaften, zuerst in Jena, später auch in anderen deutschen Städten. 1819 werden die Karlsbader Beschlüsse gefasst, welche die Burschenschaften verbieten, und die Überwachung von Universitäten einleiten. Für alle Staaten des Deutschen Bundes wird eine Vorzensur eingeführt. Sie betrifft alle Texte unter 20 Bogen (entspricht 320 Seiten). Damit fallen alle Schriften darunter, die für ein breites Publikum zugänglich sind, wie Zeitungen, Zeitschriften und viele Bücher. Verboten ist vor allem die Kritik an den herrschenden politischen Verhältnissen, wie an der Regierung oder an dem Adel.

Als dann der strenge Winter 1829/30 und die sich anschließende Missernte in einigen Regionen zu Preissteigerungen und Versorgungsengpässen führen, kommt es zu Protestbewegungen von Bauern wie Städtern; gegen Willkür und Steuerlasten wird mit „tumultuarischen Auftritten" aufbegehrt.

Einige Staaten erleben revolutionäre Bewegungen; nach Protesten in Leipzig am 2. September 1830, dem so genannten „Polterabendlärm", ereilen die Erschütterungen auch ganz Sachsen. Auf Druck breiter Bevölkerungsschichten sowie der politischen Eliten dankt der kinderlose sächsische König Anton ab und der beliebte Prinz Friedrich – Sohn des auf den Thron verzichtenden Bruders Maximilian – wird zum Mitregenten erklärt.

Louise ist elf Jahre alt und ihre an der aktuellen Politik interessierten Eltern, besonders der Vater, sprechen offen über die öffentlichen Geschehnisse und lassen auch ihre Kinder daran teilhaben.
Sie sind begeistert über die Demokratisierungsversuche in einigen deutschen Staaten, begrüßen den Sturz der Bourbonen-Dynastie und freuen sich über die Unabhängigkeitsbestrebungen der Polen, die im „Kadettenaufstand" am 29. November 1830 ihren Höhepunkt finden.

Nach dem letzten Aufbäumen einer eigenständigen Protestbewegung mit den Leipziger Kommunalgardenunruhen Ende August 1831 bildet die Verkündung der Verfassung vom 4. September 1831 den Abschluss des unmittelbaren revolutionären Prozesses, der Revolution im engeren oder eigentlichen Sinn als räumlich-zeitlich begrenztem historischen Ereignis. Damit war ein wesentlicher Schritt bei der Überwindung spätfeudaler Zustände getan und - bei allen durch das konservative Wahlgesetz bedingten Einschränkungen - eine auf konstitutionellem Boden vollziehbare Durchführung weiterer grundlegender Staats- und Gesellschaftsreformen in Sachsen möglich geworden.

All dies ermuntert das Mädchen zu seinem ersten politischen Gedicht „Zur Feier der dem Lande gegebenen Verfassung", das allerdings nicht überliefert ist.

Die Revolutionswelle im September 1830 erreicht auch den Norden des Staatenbundes. Gespeist wird die durchaus heterogene deutsche Aufstandsbewegung durch eine Mischung aus Sozialprotest, verfassungs- und zollpolitischen Forderungen, der sich auch ein Großteil der Menschen in den Herzogtümern Schleswig, Holstein und Lauenburg anschließt. In der nordfriesischen Landschaft um Husum ist ein besonderes Moment dieses Aufbegehrens von Bedeutung.

Der Rechtsprofessor der Kieler Universität, Nikolaus Falck, gibt 1819 eine Neuauflage der Heimreichschen „Nordfriesische Chronik" heraus. Auch der Geschichtsprofessor Andreas Ludwig Jacob Michelsen, der in den Revolutionsjahren 1848/49 Abgeordneter im Paulskirchenparlament sein wird, veröffentlicht 1828 seine Untersuchung „Nordfriesland im Mittelalter". Auf Grundlage dieses historischen Rückblicks entsteht der Wunsch nach einer Reform von Verfassung und Gemeinwesen; die freiheitliche kommunale Selbstverwaltung ist das Ziel dieser Überlegungen. Der Sylter Landvogt Uwe Jens Lornsen legt am 1. November 1830 seine Schrift „Ueber das Verfassungswerk in Schleswigholstein" vor.

Die Flugschrift wird in der Druckerei C.F. Mohr über Nacht in einer Auflage von 9 000 Exemplaren gedruckt und soll einen „Petitionssturm" entfachen.

Der Dänenkönig hat die Verwaltung zu reformieren; zudem wird Gewaltenteilung, mehr Mitsprache und insbesondere eine neue Verfassung gefordert. Schon in der Schreibweise wird deutlich, wohin die Reise für den deutschsprachigen und deutsch gesinnten Süden des Herzogtums Schleswig gehen soll.

Lornsen fordert die weitestgehende Eigenständigkeit Schleswigholsteins; er wünscht sich eine Repräsentativverfassung mit einem aus zwei Kammern bestehenden Parlament, das auch gesetzgebende Funktion haben soll.

Lornsen wird kurz nach Beginn seiner Landvogtzeit auf Betreiben von König Frederik VI. verhaftet und im Mai 1831 zu einer Festungshaft von einem Jahr verurteilt. Im Februar 1838 stirbt Lornsen als psychisch kranker Mann durch Suizid; seine Streitschrift hat keinen Einfluss auf die kommenden Verfassungsdebatten, dennoch wird er zum „kernfriesischen Freiheitskämpfer gegen das dänische Joch" erklärt.

Zum Erstarken des nationalen Bewusstseins kommt es hier zusätzlich zu einer Rückbesinnung auf die Besonderheiten der friesischen Volksgruppe–insbesondere der Sprache.

In Husum gibt es eine starke Bildungsschicht, die eine führende Rolle während der Erhebung von 1848-1851 spielen wird. Theodor gehört zu der Gruppe von Heranwachsenden, die die Erfahrung macht, dass sich viele Menschen vom Königreich Dänemark abwenden und für Veränderungen einsetzen.

Seine Gelehrtenschule mit den-den neuen Strömungen aufgeschlossenen-Lehrkräften trägt ihren Teil dazu bei; so rügt die Schulaufsicht die Praxis der Lehrer, zu Beginn des Unterrichts die aktuelle Nachrichtenlage zu erörtern.

Eine echte Revolution, die in Gestalt einer Volksbewegung die etablierte Elite stürzen und zu einem nicht umkehrbaren Systemwandel führt, ist dieser Aufruhr nicht.

Doch ein großer Teil des europäischen Kontinents befindet sich in Bewegung und stellt auch jene Staatenneuordnung in Frage, die zuvor auf dem Wiener Kongress ausgehandelt wurde.

Noch bis zur Mitte des Jahrzehnts sind die Folgen dieser Erschütterungen zu spüren.

Die politischen Umstände finden auch in der Literatur der 1830er bis 1840er Jahren ihren Widerhall.

Heinrich Heine veröffentlicht 1827 das „Buch der Lieder". Seine „Reisebilder", erschienen zwischen 1826 und 1831, nehmen die bestehende Politik auf ironisch-satirische Art aufs Korn. Es entsteht eine heute noch beliebte Form der schriftlichen Kommunikation: das Flugblatt.

Im „Hessischen Landboten", 1834 herausgegeben von Friedrich Ludwig Weidig und Georg Büchner, wird offen zur Rebellion aufgerufen.

1843 ist es wieder Heinrich Heine, der in dem Versepos „Deutschland. Ein Wintermärchen" die aktuellen gesellschaftlichen Verhältnisse beschreiben und parodieren wird.

Die Lyrik war für die Autoren des Vormärz die literarische Gattung, in der sie am ehesten ihre politischen Absichten ausdrücken konnten. Mit der Veröffentlichung der Sammlung „Gedichte eines Lebendigen" (1841) wird Georg Herwegh trotz Zensur zu einem weit bekannten Dichter.

Für Louise und Theodor wird mit der Literatur des „Jungen Deutschlands" und ihren Protagonisten wie Büchner, Heine, Gutzkow, Laube, Mund und Börne der Grundstock für beider literarische Betätigung gelegt.

Besonders wird die Lyrik auf die beiden gewirkt haben, sind doch ihre ersten Schreibversuche durch dieses literarische Mittel gekennzeichnet. Theodor wird mit Heine erst in Lübeck in Berührung kommen und begeistert sein, Louise hat zu dessen Texten nicht den rechten Zugang; Ironie ist nicht ihre Sache. Sie liebt die Rührung, Empörung oder Begeisterung eines Heinrich Laube u.a.

Der Besuch der Gelehrtenschule endet 1835, Theodor wird 19 Jahre alt.

Auf Anraten seines Vaters tritt er mit seinem Husumer Schulfreund Johann Peter Ohlhues in das Katharineum in Lübeck ein, um sich für das spätere Studium vorzubereiten.

Die Zeit vom Herbst 1835 bis zum Frühjahr 1837 wird für den jungen Mann aus der Provinz in vielfacher Hinsicht von großer Bedeutung werden.

Fasziniert und träumerisch formuliert er, dass hier „bedeutendere Menschen" leben und die Luft „höher" ist. Er lernt in dieser weltoffenen, kulturell regen Stadt die Schriften Goethes, Eichendorffs, Mörikes und insbesondere von Heinrich Heine kennen.

Es ist sein Schulkamerad Ferdinand Röse, der ihm auf die Sprünge hilft; mit seinem „Du bist geistig tot" lässt er Theodor Selbstkritik üben, der gegenüber Kritik doch so empfindlich reagiert. Ferdinand darf an seinen Texten herumkritteln, weil er Theodor ernst nimmt und ihn damit gleichzeitig aufbaut. Es wird eine lebenslange Freundschaft mit der verkrachten Existenz Röse werden.

Es ist auch Röse, der ihn mit dem Lübecker „Salondichter" Emanuel Geibel bekannt macht. Theodor bewundert den zwei Jahre älteren Studenten, der schon in dem anerkannten „Musenalmanach" veröffentlicht hat. Eine gehörige Portion Neid wird auch dabei gewesen sein, weil Geibel schon zu Lebzeiten ein viel gelesener, erfolgreicher Schriftsteller ist. Sie bleiben in freundschaftlichem Briefkontakt; doch wie sehr der schriftstellerische Ruhm des anderen ihn offensichtlich über Jahre geärgert hat, zeigt der wohl spontane Einwurf Theodors in seiner Rede zum siebzigsten Geburtstag. Mit dem 1884 gestorbenen Geibel sei mitnichten der letzte große Lyriker verschwunden. Er sei schließlich auch noch da!

Richtig ist, dass in den später folgenden Rezeptionen das Werk Geibels widersprüchlich beurteilt wird. Fontane, der es gern mit dem „-ei" hat, spricht von Geibelei, und meint damit die zwar klangvolle, aber stereotype Lyrik des Dichters.

Wilhelm Busch verspottet ihn und den Münchener Dichterkreis „Die Krokodile", dem er angehört, mit seiner Bildergeschichte „Balduin Bählamm, der verhinderte Dichter".

Gleichzeitig ist Geibel aber der am meisten vertonte Lyriker; Schumann, Brahms, Mendelsohn Bartholdy u.a. setzen viele seiner Gedichte in ihre Kompositionen.

Sein „Der Mai ist gekommen" aus dem Jahr 1841 in der Vertonung von Justus Wilhelm Lyra ist auch heute noch in aller Munde.

Dann steht das Weihnachtsfest 1836 vor der Tür; Theodor fährt nicht in das heimatliche Husum, sondern verbringt die Festtage in Altona bei Verwandten.

Eine Cousine seiner Mutter hat ihn eingeladen; unter den Gästen befindet sich auch eine Dame mit Kind.

Es ist Therese Rowohl mit der kleinen Bertha von Buchan. Da Berthas Mutter kurz nach ihrer Geburt stirbt, der Vater wohl unverheiratet bleibt und sich nicht um die Erziehung seiner Tochter kümmern kann, kommt Bertha in die Pflege Frau Rowohls.

Der Anblick des Mädchens versetzt Theodor in einen Rausch von Sinnlichkeit und heißblütigem Verlangen.

Während das Gedicht „An Emma"-1833 von dem sechzehnjährigen Storm geschrieben-noch das jugendliche Herz–Schmerz-Empfinden beschreibt, ist die Lyrik beim Eintritt Berthas in das Leben Theodors von ganz anderem Kaliber.

Nach dem Jahreswechsel 1836/37 entsteht „Locken-köpfchen"; da setzt sich das Kind schon auf des Dichters Schoß und hält ihn fest umschlungen.

Auch in „Gesteh`s" wird es eindeutig:

„Gesteh`s, es lebt schon einer,

Der dich heimlich geküßt einmal,

Der deinem Kindermunde

Der Lippen Zauber stahl..."

Die geradezu ekstatische Schwärmerei, die Theodor dem Kind entgegen bringt, für die er Briefe, Gedich-te, die Prosa „Celeste" und das Märchen „Hans Bär" schreibt, sein kaum verborgener Hang zu den Lolitas seiner Phantasie, all das würde man heute fast schon unter dem Begriff „Stalking" subsumieren.

Natürlich merkt die Pflegemutter Therese Rowohl Theodors Drang zu dem Kind und weist ihn höflich, aber bestimmt ab. Er sucht sie dennoch immer wie-der, folgt ihr in die Kirche, streicht um das Haus, in dem sie lebt. Nur einmal kommt es ihm in den Sinn, bei ihr nachzufragen, ob sie seine Leidenschaft auch erwidert; er bedient sich in diesem Brief eines „Codes", aus dem erlesen will, ob seine Liebe erwidert wird. Das Mädchen ist mit diesem Ansinnen natürlich überfordert.

Als er ihr später–sie ist nun in einem heiratsfähigen Alter–einen Antrag macht, lehnt sie wohl auch auf Anraten Therese Rowohls ab. Es dauert, bis Theodor seine Situation realisiert.

Angeblich hat er Bertha nach etlichen Jahren wieder gesehen und entsetzt festgestellt, dass von dem herzigen Kindchen nicht viel übrig geblieben ist.

In den Herbstferien 1837 besucht Emma Kühl die Familie Storm; Emma, die er schon von Kindesbeinen an kennt und mit der es auch pubertäre Knutschereien gegeben hat, kommt dem jungen Mann während dieser „Hängepartie" mit Bertha wie gerufen. Er verlobt sich Hals über Kopf mit dem Mädchen von Föhr.

Emma scheint gespürt zu haben, dass diese Verlobung nur halbherzig von Theodor herbei geführt worden ist. Sie - wieder auf der Insel -, er - wieder in Kiel zum Studium - haben sich nichts mehr zu sagen.

Theodor erklärt in einem Brief an seine spätere Frau Constanze am 11.6.1844, dass er in sein Tagebuch geschrieben hat „war ich schon als Junge in sie verliebt gewesen, so wurde es jetzt alle Tage toller".

Und weiter "...morgens am dritten Oktober versprach ich mich förmlich mit ihr...schon denselben Nachmittag fühlte ich heftige Reue über diesen Schritt...ein Mann, wenn er leben soll, kann so früh überhaupt noch nicht lieben...".

Im Februar des kommenden Jahres erhält er den ersten und einzigen Brief von Emma, in dem sie die Verlobung löst.

Es mag sein, dass Theodor diese Affinität zum Kindlich-Weiblichen als literarisches, insbesondere lyrisches Stilmittel nutzt wie es in seiner Biografik anklingt; oder gerade die Lyrik als unbewusst-bewusste Sublimierung seiner gesellschaftlich geächteten Sexualphantasien ihm zustatten kommt.

Er kann von Glück reden, dass er das triebhafte Empfinden, das ihm selbst wohl unheimlich erscheint, nicht „auslebt", sondern in der Lage ist, dies in seinen Werken regelrecht zu „entkriminalisieren". Die „Sehnsucht" im wahrsten Wortsinn–als gleichsam pathologische Form eines schmerzlichen Verlangens–wird ihn Zeit seines Lebens begleiten. Eine der verschiedenen Deutungen seines Werkes und seiner Person–die als „Heimwehdichter"- macht den Zusammenhang deutlich.

Im April 1837 schreibt sich Theodor an der juristischen Fakultät in Kiel ein. Er hält nicht allzu viel vom Jura-Studium; er wird später dem Schriftsteller und Literaturkritiker Emil Kuh schreiben, dass man Jura „ohne besondere Neigung studieren kann". Ob dieser Beruf, der sein „Brotberuf" werden wird, mit der schriftstellerischen Arbeit tatsächlich zu vereinbaren sein wird-er schreibt zumindest an Kuh „mein richterlicher und poetischer Beruf sind meistens in gutem Einvernehmen gewesen"-, kann bezweifelt werden.

Auch seine Erwartungen an das Studentenleben werden enttäuscht; der Schwärmer Storm erwartet „Geist und Herz und Gefühl für Alles Schöne" und „Aber wo trifft man die schöne, jugendliche Poesie des Lebens...".

Stattdessen hört er das „Jyske Lov" und „Römisches Recht", Dinge, die er für den späteren Beruf des Advokaten, den sich sein Vater Casimir für ihn wünscht, tatsächlich benötigen wird. Ein fleißiger Student wird Theodor nicht gewesen sein; man hört mehr von Theaterbesuchen, Literaturzirkeln und poetischen Versuchen als von juristischen Fragestellungen.

Vielleicht fühlt er sich allein gelassen; Freund Ferdinand Röse, der seit Herbst 1886 in Berlin Philosophie und Kunstgeschichte studiert, ist weit. Da Röse nicht zu ihm kommt, geht Theodor zu ihm; Ostern 1838 treffen sich beide in Hamburg und reisen per Kutsche nach Berlin, er immatrikuliert sich im Mai `38 an der Friedrich-Wilhelms-Universität.

Es scheint mit ihm bergauf zu gehen; hier findet er all das, was er in Kiel vermisst hat: Theater, Kunst, Literatur und vor allem gleichgesinnte Freunde.

Nach dem Sommersemester will er mit einigen Kommilitonen nach Dresden; Vater Casimir wird finanziell ein wenig nachhelfen müssen.

Dresden, im August 1838:

In dem kleinen Restaurant „Kreutzkamm" am Alt-
markt 23 sitzt Louise Otto an einem Vierer-Tisch mit
ihrer Schwester Francisca und deren Bräutigam
Heinrich Burckhardt; die Drei erwarten noch Carl
Wilhelm Milberg, Gymnasiallehrer für Mathematik
und klassische Literatur sowie Leiter des Literatur-
treffs „Bienenkorb". Er leitet diesen Zirkel schon seit
1830, dem auch Louise, ihre Schwestern sowie die
Schwestern von Heinrich angehören. Gelegentlich
sind auch die Männer in der Runde zu finden.

Es ist ein warmer Freitagnachmittag, und Louise
brennt darauf, vom Treffen mit Christoph August
Tiedge zu berichten, den sie vor Kurzem persönlich
in seinem Haus am Kohlmarkt getroffen hat. Beeindruckt von seinem Werk „Urania" hat sie sich getraut, dem alten Herrn in einem Brief ihre Empfin-
dungen nach der Lektüre mitzuteilen; der sechsund-
achtzigjährige Greis hat ihre Worte in diesem Brief
gerührt mit „der Stimme der Lerche im Frühling, die
im Saatfeld aufflattert" verglichen und sie eingeladen, um mehr von ihr zu hören.

Nun trifft Milberg ein, und nachdem Kakao und Kaffee bestellt sind, beginnt Louise mit vor Eifer rotem Kopf zu erzählen; in diesem Kreis fühlt sie sich wohl und überwindet ihre Schüchternheit.

Begeistert berichtet sie, wie Tiedge sie als künftige Dichterin begrüßt, sie dabei aber vor Verlegenheit kein vernünftiges Wort herausbringt. Als sie ihm gegenüber noch einmal betont, wie hilfreich „Urania" für sie in der schweren Zeit der persönlichen Verluste gewesen ist, da ist ihr das Wohlwollen des Dichters sicher. Poesie verliebt wie die Neunzehnjährige nun einmal ist, hat es ihr insbesondere das von Ludwig van Beethoven vertonte Gedicht „An die Hoffnung" aus Tiedges Hauptwerk angetan:

„Ob ein Gott sei? Ob er einst erfülle,

Was die Sehnsucht weinend sich verspricht?

Ob, vor irgendeinem Weltgericht,

Sich dies rätselhafte Sein enthülle?

Hoffen soll der Mensch! Er frage nicht!"

Diese Sprache versteht Louise, sie tut ihr gut. So versieht sie später ein Gedicht in memoriam Tiedges mit dessen Namen als Überschrift.

Alles andere jedoch ist nicht Louises Sache:

die Verbeugungen vor einer vermeintlichen Etikette, der übermäßige Respekt vor Titeln, das Getratsche über die neuesten Theateraufführungen und das zur Schau getragene Schöngeistige.

Sie wird sich später noch einige Male mit Tiedges Pflegetochter Auguste Engelhardt treffen, doch kann sie der Dresdner Schickeria nichts abgewinnen.

Wilhelm Milberg versteht Louises Bedenken sofort; er kennt sie als Literatur besessenes, aber zurückhaltendes Mädchen, das dem rebellischen, aber einsamen, über der Welt stehenden Helden eines Lord Byron näher ist Großstadtgeschwätz.

Ein Gutes hat diese „ästhetische Tee-Einladung" aber doch-sie trifft in dieser Runde jemanden, der sich offensichtlich genauso unwohl fühlt wie sie: es ist der gut fünfzehn Jahre ältere Dichter und Schriftsteller Julius Mosen. Sie kennt sein „Lied vom Ritter Wahn" sowie das Gedicht „Zu Mantua in Banden". Besonders dieses Gedicht mit der Beschreibung von der Hinrichtung Andreas Hofers, dem Helden des Tiroler Volksaufstandes von 1809 gegen die französisch-bayrische Besetzung, geht ihr ans Herz. Diese Texte sind so ganz im Sinne der jungen Frau. Hier geht es um Freiheit, Kampf und Heimat - Dinge, die ihrem schwärmerischen Naturell entsprechen.

Diesem Julius Mosen wird sie Jahre später noch einmal begegnen.

Als Francisca nachfragt, ob sie mit ihm ins Gespräch gekommen ist, zuckt Louise mit den Schultern: er habe sie überhaupt nicht beachtet und außerdem sie sich nicht getraut, ihn anzusprechen.

Mit Julius Mosen ist man beim Thema angekommen: Wilhelm Milberg will über die jungen „Wilden" des Jungdeutschland sprechen; da er weiß, dass Louise die Biografie und die Literatur Heinrich Laubes besonders schätzt, wird am Tisch über das aktuelle Schicksal des Schriftstellers debattiert. Man ist erregt über die lange Untersuchungshaft Laubes, die er wegen burschenschaftlicher Umtriebe erlitten hat, sowie über das unverhältnismäßig hohe Strafmaß des Berliner Kammergerichts: sieben Jahre Festungshaft. Jetzt hat es sich in der Szene herumgesprochen, dass die Haft reduziert worden ist, und er auf Intervention von Fürst Pückler das Schloß Muskau in der Oberlausitz zugewiesen bekommen hat. Allem Anschein nach kann er sich dort frei bewegen.

Louise–mit feinen Sensoren für Diskriminierung und Unrecht ausgestattet–schlägt sich vehement auf die Seite des von ihr so geschätzten Schriftstellers; ihr Wunsch, ebenso schreiben und agitieren zu können, lässt sie noch nicht an die Folgen dieses Tuns denken, ist vorerst stürmisch-emotional, aber auch zielstrebig-entschieden.

Milberg kennt das Feuer, das Louise entwickelt; vorsichtig versucht er, ihren Drang auf weniger gefährliches Terrain zu führen. Er berichtet von einer jungen Frau-nur unwesentlich älter als Louise-ebenfalls begeisterte Tiedge-Anhängerin, die vor kurzem in der „Zeitschrift für die elegante Welt" Gedichte veröffentlicht hat. Eine Roswitha Friederike Kind schreibe Balladen und Gedichte, die so gut seien, dass sie eben gedruckt werden, ohne dass sie von staatlicher Seite irgendwelche Repressionen befürchten müsse. Außerdem habe Heinrich Laube in eben dieser Zeitschrift als Redakteur gearbeitet. Dass die Werke von Roswitha Kind von Seiten der Kritiker gelegentlich als naiv bezeichnet werden, erwähnt er natürlich nicht.

Diesen dezenten Hinweis gibt Milberg aus gutem Grund; er hat gemerkt, dass die schwärmerische Lyrik für die Psyche der jungen Frau ein Ventil ist, um die dramatischen Einschnitte in ihrem Leben zu verarbeiten. Doch ein Blick in ihre Augen sagt ihm auch, dass er mit seinem pädagogischen Fingerspitzengefühl bald nichts mehr erreichen kann. Ihr Weg zu einer leidenschaftlichen Sozialkritikerin, die sich neben der lyrischen auch anderer, weit offensiverer Mittel bedienen wird, scheint vorgezeichnet. Deswegen schlägt er der Kaffeerunde vor, beim nächsten „Bienenkorb"-Treff sich mit der Literaturgeschichte von Georg Gottfried Gervinus zu beschäftigen.

Als Kenner der klassischen Literatur, aber auch Beobachter des politischen Zeitgeistes schätzt er die jungen Leute am Tisch mit diesem Vorschlag richtig ein: Gervinius, Professor für Geschichte und Literatur, gehört zu den „Göttinger Sieben", die gegen die Aufhebung des hannoverschen Staatsgrundgesetzes durch König Ernst August protestiert haben, er vor einem Jahr des Landes verwiesen worden ist. Die konsequente Aufmüpfigkeit dieser Geistesgrößen ist so ganz nach dem Geschmack der auf Fortschritt bedachten Bienenkörbler.

Louise ist sofort begeistert und möchte die „Nibelungen" lesen.

Grundlage soll die Übersetzung von Karl Simrock aus dem Jahr 1827 sein.

Nicht umsonst hat sie dieses sprachgewaltige Epos ausgesucht; kommen doch die Kardinalbegriffe, die sie in dieser Zeit besonders beschäftigen–Treue, Verrat, Intrigen, Würde, Stolz, Helden und andere-in ausdrucksstarker Form zur Sprache. Dieses Wortgut - gepaart mit einem gleichsam melodischen Sprechgesang–hat sie schon lange fasziniert.

Es ist nicht bekannt, ob Louise „Die romantische Schule" von Heinrich Heine aus dem Jahr `31 zu diesem Zeitpunkt gelesen hat; sein Kommentar zu diesem Werk hätte bei ihr wohl nur Kopfschütteln verursacht, wenn er von „Sprache von Stein" und „Verse gleichsam gereimte Quader" spricht.

Auch seine Beschreibung Sigfrieds- „Er ist stark wie die Felsen von Norweg und ungestüm wie das Meer, das sie umrauscht, Er hat soviel Mut wie hundert

Löwen und soviel Verstand wie zwei Esel"- hätte sie nicht begeistert.

Doch Louise hat seinen Spott nie besonders geschätzt.

Sie ficht im Gedankenduell lieber mit dem Säbel als mit dem subtilen Florett eines Heinrich Heines.

Schwager Heinrich, der als Chemiker und Apotheker sich nur in seiner Freizeit mit Literatur beschäftigt, kennt die Satirezeitung „Le Figaro" aus dem benachbarten Frankreich; dort arbeite eine gewisse Amantine-Aurore Dupin de Francueil, berichtet er, die einen aufsehenerregenden Roman geschrieben habe und eine schillernde Persönlichkeit sei.

Man erzählt sich, dass sie Männerkleidung trägt, Zigarren raucht, so Heinrich.

Ihr Liebhaber–Jules Sandeau- schreibe ebenfalls für den Figaro; den Skandalroman „Indiana" habe sie unter dem Pseudonym George Sand verfasst.

Dort gehe es um eine junge Kreolin, die mit einem älteren Offizier verheiratet ist, sich aber leidenschaftlich wie unglücklich in einen Nachbarn verliebt hat und gegen die Ehe revoltiert. Obwohl verheiratet und Mutter zweier Kinder hat Amantie-Aurore Dupin de Francueil zahlreiche Affären und bekennt sich zu einem libertären und repressionslosen Sexualleben der Frauen.

Das Thema interessiert Louise; die Benachteiligung des weiblichen Geschlechts hat sie ja in jungen Jahren schon in der Schule erfahren.

Doch von der Ehe hat sie grundlegend andere Vorstellungen. Ihr schwebt weiterhin das bürgerliche Familienideal vor, das die Eltern mit einer eigenständigen und selbstbestimmten Rolle des Weiblichen praktizierten.

Das wüste Liebesleben der George Sand, von dem Schwager Heinrich berichtet, geht ihr dann doch zu weit.

Und Rauchen und Männerhosen? Sie will überhaupt kein Mann sein, strickt und häkelt gern, achtet auf geschmackvolle Garderobe.

Auch heute trägt sie ein modisches Kleid in ihrer Lieblingsfarbe Blau mit einer weißen Bluse.

Sollen Frauen dies etwa nicht mehr dürfen?

Francisca stimmt ihr zu: was zu weit geht...!

Wilhelm Milberg freut sich über das Engagement der jungen Leute; so hat er sich seinen Literaturzirkel vorgestellt: als einen kleinen Debattierclub, der sich neben der Beschäftigung mit Literatur auch mit den Fragen der Zeit auseinandersetzt.

Mit ganz anderen Dingen scheinen sich die vier jungen Männer zu beschäftigen, die gerade das „Kreuzkamm" betreten und den Nachbartisch der „Bienenkörbler" in Beschlag nehmen. Es wird aufgeregt wohl über einen Ausflug geredet, den sie gerade hinter sich haben. Die Lautstärke der Unterhaltung lässt es zu, dass die anderen Vier am Nebentisch mühelos der Debatte folgen können. Der Sprache nach zu urteilen, kommen sie nicht aus dem Sächsischen, sondern eher aus dem Norden des Staatenbundes. Einer von ihnen–nicht sehr groß, mit etwas gebückter Haltung–spricht den s-Laut wie die jütischen Dänen. Er ist etwas merkwürdig gekleidet; trotz des warmen Augustnachmittags trägt er einen großen Hut und einen sehr wunderlichen, ellenlangen Schal, den er mehrfach um den Hals geschlungen hat. Im Gegensatz zu seinen Begleitern spricht er sanft und leise, so dass man genau zuhören muss, um ihn verstehen zu können. Der junge Mann neben ihm am

Tisch, laut deklamierend und gestikulierend, ist auf andere Weise schrullig; er trägt einen schwarzen Rock, der ihm viel zu groß ist und dringend gesäubert werden muss. Er sieht ungesund aus, hatte dünnes Haar und furchtbar schlechte Zähne. Man schätzt ihn älter ein als er in Wirklichkeit wohl ist.

Trotz der eigentümlichen Bekleidung sind die Vier schnell als Studenten auszumachen, die gerade eine Tour auf die Tafelberge der Sächsischen Schweiz gemacht haben. Der mit der fahlen Gesichtsfarbe, den die anderen „Wanst" nennen, schildert überschwänglich den Weg durch die Felsenschlucht auf den Gohrisch, wo sie sich durch enge Felsspalten gequetscht und oben einen grandiosen Ausblick in die Landschaft genossen haben. Die anderen stimmen ihm zu – wenn auch ein wenig zurückhaltender.

Louise-die zuhören muss, ob sie will oder nicht-lächelt bei der Beschreibung dieser Wanderung; sie hat diesen Weg schon oft gemacht, doch so abenteuerlich und gefährlich wie es aus der Erzählung klingt, ist er für sie nicht gewesen. Dennoch freut sie der Enthusiasmus und die Begeisterung der Jungen an der Natur, die sie wohl von zu Hause her nicht kennen.

Und so nebenbei erfährt sie einiges mehr: es sind tatsächlich Studenten, die von Berlin nach Sachsen gereist sind, um sich eine Auszeit vom Studium zu nehmen. Der Schlapphutträger will Jurist werden, der Laute, Schmuddelige studiert Philosophie und Kunstgeschichte. Sie sind im Gasthaus „Italienisches Dörfchen" untergekommen, wo sie sich neugierig zunächst einmal den etwas eigentümlichen Namen ihrer Unterkunft erklären lassen. Der freundliche Wirt hat ihnen erklärt, dass der Name von den Hütten italienischen Bauarbeiter der ehemaligen Baustelle der Hofkirche herrührt. Hier sind sie zentral in der Nähe des Theaterplatzes und der Gemäldegalerie untergebracht. Denn sie wollen sich vornehmlich–wie Louise heraushört–Raffaels „Sixtinische Madonna" anschauen. „Wanst" schwärmt allerdings vom „Schokoladenmädchen" Liotard`s, die anderen wollen unbedingt noch in das „Grüne Gewölbe", um sich die Schatzkammer August des Starken anzusehen. Alle reden aufgeregt durcheinander und aufeiander ein, bis der „Däne" ihnen mit dem Zeigefinger auf den Lippen bedeutet leiser zu sein.

Es ist Theodor nicht entgangen, dass die Gäste am Nebentisch ihrer Unterhaltung gefolgt sind. Im Übrigen interessiert ihn die Runde von nebenan; der ältere Herr kommt ihm wie ein Mentor für die anderen vor. Er greift immer moderierend in das Gespräch ein, ermuntert oder korrigiert. Die jungen Frauen scheinen Schwestern zu sein, der jüngere Mann macht einen etwas biederen, gediegenen Eindruck.

Theodor–ist er doch Theodor der Weibchenschwärmer und Schwerenöter–hat sein Augenmerk auf die Tischnachbarin im blauen Kleid gerichtet; sie ist modisch gekleidet, trägt das dunkelblonde Haar in der Mitte gescheitelt zu einem Nackenknoten, der mit bunten Bändern zusammengehalten wird. Auf dem Tisch vor ihr liegen zwei kleine Bücher, in die sie bei Unterhaltung immer wieder einen Blick wirft. Das Rund des Gesichts wird durch seitliche Löckchen apart verengt, sie hat eine starke Nase und etwas weit auseinander stehende Augen. Der Mund scheint immer etwas zu lächeln: sicher–denkt Theodor–eine durchaus attraktive Erscheinung, aber nicht sein Frauentyp. Er fühlt nicht die knisternde Erotik, die er beim Anblick seiner Elfchen auf der Straße oder im Traum verspürt.

So wie bei Bertha, die ihm immer noch im Kopf herumschwirrt!

Aber da ist etwas anderes!

Er spürt ein inneres Brennen auf alles Neue und Unbekannte bei ihr. Nun lauscht er ihren frenetischen Ausführungen zu den Schriftstellern, die auch ihm bekannt sind. Ihr leidenschaftliches Plädoyer für die Jungdeutschen, ihre Unerschrockenheit und Kühnheit. Und nicht nur die Schriftstellerei, nein, auch der Zeitgeist nach den Freiheitsbestrebungen von 1830 scheint sie zu bewegen. Sie ist offensichtlich begeisterte Fortschrittsgläuberin und kann sich über die Erfindung des Phosphorhölzchens freuen. Auch die Entwicklung der Dampfmaschine, der Einsatz des Dampfbootes „Saxonia" auf der Elbe und die für den Herbst geplante Eröffnung der Eisenbahnstrecke zwischen Leipzig und Dresden ist für sie Thema dieses Kaffeekränzchens. Theodor muss über diese Lebhaftigkeit schmunzeln, doch ihm gefällt die Dynamik und Begeisterung der jungen Frau.

Als sie schließlich Karl Ferdinand Grutzkow ins Gespräch bringt, überrascht sie ihn mit einem profunden Wissen über den Schriftsteller und seine Beziehungen zu anderen Kollegen der neuen Bewegung. Sie weiß, dass er in diesem Jahr den „Telegraph für Deutschland" herausgibt, für den auch der Dithmarscher Friedrich Hebbel und Georg Herwegh arbeiten; auch soll ein achtzehnjähriger, begabter junger Mann aus dem Bergischen Land für die Zeitung schreiben.

In der Literaturszene ist dieser Friedrich Engels weitgehend unbekannt.

Theodor merkt schnell, dass ihr die schreibenden Persönlichkeiten, deren Schriften 1835 durch den Bundestagsbeschluss verboten worden sind, mit ihren gebrochenen Biografien, die sich immer wieder aufrappeln, Schiffbruch erleiden, schließlich oft ein tragisches Ende nehmen, besonders nahe sind.

Sie liebt wohl den Pathos, die Sentimentalität, aber auch die Unerschrockenheit und den Wagemut der Lyrik und Romane. Als sie schließlich erwähnt, dass auch sie sich gern dieser Kunst zuwendet, wird er hellhörig.

Wilhelm Milberg hat die drei jungen Leute am Tisch reden lassen und gewissenhaft zugehört; er beurteilt die derzeitige industrielle Entwicklung etwas zurückhaltender.

Dennoch fordert er Louise auf, –sie hat ja aufgeregt berichtet, wie sie die Entwicklung der Eisenbahnstrecke von Leipzig nach Dresden sehr aufmerksam verfolgt und sogar ein Gedicht darüber verfasst hat–etwas aus diesem Werk vorzutragen.

Louise–mit einem scheuen Blick zum Nebentisch–schlägt eines der mitgebrachten Bücher auf und liest einige Zeilen vor:

„...Das war vor Zeiten – als ich wiederkommen

Zu diesem stillen, waldumkränzten Thal -

Hei! Wie da aller Friede ist genommen,

Hei! Wie das Alles anders auf einmal!...

...Ja, Frieden stirb! - Du stiller Kirchhoffrieden,

Du hast fürwahr zu lange schon gewährt,

Ein ander Glück giebt`s noch für uns hinieden,

Ein andrer Glanz hat unsre Zeit verklärt!...

...Es weht ein neuer Geist um diese Wagen,

Aus diesem Dampf der Eisenrosse lenkt...

...Und eh sie noch die Gotteskraft verstehen

Sind sich die Völker jubelnd nah gebracht

Und lassen ihre Freiheitsbanner wehen,

Und durch die Lüfte saust`s: Erwacht, erwacht!"

Schwester Francisca klatscht kaum vernehmbar in die Hände; sie versteht und begreift die Sprache Louises. Besonders aber sind die Naturgedichte, die Louise in dem Weinberghäuschen nach dem Tod ihrer Eltern verfasst hat, ihr ans Herz gewachsen. So zitiert sie mit einem Kopfnicken zu Louise die letzte Strophe des Gedichts „Schneeglöckchen":

„...Denn weil es so nah an der Brust der Natur,

Gefühlt die Schmerzen der ganzen Zeit,

Drang es hinaus auf die kalte Flur,

Zu künden jubelnd „Der Lenz befreit"

So nahte es liebend um froh zu sterben --

Schneeglöckchen – darf ich dein Schicksal erben?

Das ist fast die gesamte Klaviatur der Gemütszustände einer Zwanzigjährigen ihrer Zeit.

Ferdinand Röse, den die Studiosi „Wanst" nennen und der jetzt auch der Unterhaltung am Nebentisch gelauscht hat, trommelt mit den Fingern auf seinen

Knien und blickt belustigt-skeptisch auf seine Fuß-spitzen. Er ist Philosoph und Schulkamerad von Emmanuel Geibel, der schon in jungen Jahren seine überall geschätzte Lyrik im „Musenalmanach" publiziert hat, kennt sich also in der Literaturszene aus.

Das ist dann doch etwas zu viel an Hochgefühl und Schwärmerei! Und überhaupt–Eisenbahn und Schneeglöckchen als Versuchsstücke für Lyrik?! Schneeglöckchen vielleicht-wenn er an die Naturlyrik seines Freundes mit dem Schlapphut denkt, aber Eisenbahn-das ist ihm aber zu trivial und zu seicht!

Doch Theodor sieht das anders; ihm gefällt die Wesensart, die unbekümmerte Beherztheit und die Verve beim Vortrag ihrer Texte. Louise, deren Namen er durch das Gespräch der „Bienenkörbler" ausgemacht hat, scheint ihn zu interessieren.

Um die Etikette zu wahren und nicht den Eindruck zu erwecken, es werde heimlich gelauscht, wendet man sich am Tisch der vier Burschen allerdings einem anderen Thema zu: die Möglichkeit, ihre literarischen Produkte in die Öffentlichkeit zu bringen.

Ferdinand berichtet, dass er in der Kunstbeilage des "Morgenblatts für gebildete Stände" von Johann

Friedrich Cotta sein „Ueber den Zeus von Olympia"
untergebracht hat; außerdem habe er mit dem
Chefredakteur Hermann Hauff ausgemacht, im
nächsten Jahr seine „Lübischen Sagen" im Morgenblatt zu veröffentlichen.

Auch Theodor kann beisteuern; ihm ist zugesichert
worden, dass im „Album der Boudoir", dem Musenalmanach der Wochenzeitschrift „Europa", Gedichte
von ihm veröffentlicht werden. Amalia Schoppe, die
in Hamburg die „Neuen Pariser Modeblätter" herausgibt, hat fünf Texte von ihm gedruckt. In der Nr.
12 der diesjährigen Ausgabe ist zum Beispiel sein
„Lockenköpfchen" zu lesen. Und wie beiläufig zitiert er einige Verse, die auch Louise hören soll:

„...Wie wohl, wie warm,

In deinem Arm!

Lieb Knabe, laß uns scherzen!"

Die Nixe sang,

Dem Knaben drang

Der kalte Tod zum Herzen..."

Er schätzt die Wirkung dieser wenigen Zeilen auf
Louise richtig ein; das ist ihr Stil, so soll auch ihre
Lyrik klingen.

Dieser Student hat ihre Neugier geweckt; da sie sich natürlich nicht traut, ihn anzusprechen, wird sie in den Modeblättern nachschauen, um seinen Namen zu erfahren, mit wem sie es überhaupt heute Nachmittag zu tun gehabt hat.

Die Vier verlangen nun lautstark ihre Rechnung, nachdem man unter dem Tisch die Groschen und Pfennige zusammengezählt hat. Mit einem artigen Kopfnicken in Richtung des Nachbartisches verlassen sie polternd das „Kreuzkamm".

Die „Bienenkörbler" stellen übereinstimmend fest, dass für die neue, literarische Bewegung–wie sie es auch bei den Studenten bemerkt haben–die Grenzen des Staatenbundes kein Hindernis darstellen. All die bekannten Protagonisten kommen aus unterschiedlichen Bundesstaaten, sprechen aber trotz unterschiedlicher Dialekte mit einer Sprache und wollen ein freiheitliches, geeintes Deutschland. Das will aber der Flickenteppich von Staaten nicht; auf die intellektuellen Sticheleien wird mit dem Holzhammer reagiert.

Der eine muss wegen staatlicher Verfolgung ins Exil, andere werden wegen Repressionen psychisch krank oder verarmen. Dennoch-ihre Lyrik wird politisch, sie bedienen sich des Geschichtsdramas oder der Arbeiter- und Industrieromane. Reiseberichte werden zu sozialkritischen Reportagen. Der Biedermann steht nur noch auf taumligen Füßen, wankt, aber steht noch und wehrt sich.

Louise spürt, dass dies der Weg ihrer schriftstellerischen Laufbahn sein wird. Doch allein das Unbehagen und die Empörung über den staatlichen Umgang mit den von ihr so verehrten Jungdeutschen ist nicht genug; sie braucht einen konkreten Aufhänger, den sie für ihr Schreiben und ihren Protest gebrauchen kann. Es dauert nicht lange, dann wird sie eine hinreichende Begründung für ihre Berufung gefunden haben.

Rechtzeitig zum Wintersemester zurück in Berlin ist Theodor zunächst weniger mit seinem Studium als mit dem Theaterspiel beschäftigt. Mit einer Studentenlaiengruppe schreibt und probt er mehr oder weniger ernsthaft Lustspiele, die–wo auch immer–zur Aufführung gebracht werden sollen. Es ist wohl hauptsächlich der Spaß an der Sache.

Die Schauspielkunst ist ihm ein echtes Anliegen; er besucht das „Königliche Schauspielhaus" am Gendarmenmarkt und erlebt dort eine Aufführung des „Faust" mit dem weithin bekannten Hofschauspieler Karl Seydelmann.

Ein wenig Aufmunterung wird Theodor wohl gebraucht haben; denn es folgen trübe Zeiten. Die getreuen Kollegen Mantels, Wagner oder Niebuhr sind weg aus Berlin, in andere Städte, an andere Universitäten gezogen; auch seinen Lübecker Kumpanen Ferdinand Röse hat es in den Süden verschlagen.

Er weiß, dass der von ihm verehrte Joseph von Eichendorff einen Posten beim Berliner Kultusministerium innehat; doch wagt er es nicht, einen Kontakt zu ihm herzustellen.

Ohne diese aufmunternde Gesellschaft fühlt er sich vereinsamt in dieser großen, unwirtlichen Stadt Berlin, die viel zu bieten hat, jemanden aber, der nicht über die großstädtische Chupze verfügt, auch schnell ausschließen kann. So ist er froh, nach drei Semestern in Berlin wieder nach Kiel zurückkehren zu können, ja zu müssen; denn wollte er als Jurist ein

Amt in den Herzogtümern anstreben, so hatte er sein Examen an der Landesuniversität abzulegen.

Das Gedicht, das er im Mai 1839 verfasst, ist ein Spiegelbild seiner jetzigen Verfassung:

„...Andre Menschen, andre Herzen,
Keiner gibt mir frohen Gruß,
Längst verschwunden Spiel und Scherzen,
Längst verschwunden Scherz und Kuß.
...Bringt die Nacht mir stillen Frieden,
Wenn die Sterne aufergehn.
Schaun aus ihrer blauen Ferne
So vertraut herab zu mir ! -
Gott und seine hellen Sterne
sind doch ewig dort wie hier."

In der Flämischen Straße wohnt er nun mit den Brüdern Mommsen, Pastorensöhnen, gebürtig aus dem Eiderstedter Städtchen Garding. Der ältere, Theodor, studiert wie er Jura, der zwei Jahre jüngere Bruder Tycho will Philologe werden. Die Drei verstehen sich gut und kommen überein, Gedichte zu schreiben, die sie dann auch veröffentlichen wollen. Überhaupt ist sein jetziger Bekannten-und Freundeskreis von ganz anderer Qualität als zu Beginn des Studiums; denn von der damaligen Enttäuschung über das Studentenleben, den saufenden und sich schlagenden Burschen, die jedem Mädchen hinterher rennen, will er heute nichts mehr wissen. Theodor ist reifer und erwachsener geworden; sein Namensvetter hat nicht unerheblichen Anteil daran. Er bringt Struktur und Linie in sein Denken. In größerem Kreis lesen sie sich ihre frisch entstandenen Werke vor, kritisieren, wägen ab, verwerfen - es ist eine Runde, in der Theodor sich aufgehoben fühlt.

So bleibt er auch zum Weihnachtsfest in Kiel.

Vielleicht aus deswegen, weil eine Reise von Kiel nach Altona leichter zu bewerkstelligen ist als von Husum?!

Denn nach wie vor gibt es in seiner Liebestraumwelt das Elfchen Bertha !

Er entscheidet sich dafür, ihr zu ihrem Geburtstag einen Brief zu schreiben; es wird ein langer Brief mit „väterlichen" Ratschlägen zur Gesundheitsvorsorge, mit einem Gedicht von Adalbert von Chamisso, das vor Herzeleid trieft, und ebenso schweren, eigenen Gedanken zu Tod und Vergänglichkeit, die ihn wohl öfter zum Jahreswechsel umtreiben; zum Glück bemerkt er seine Diktion und steuert eine kleine Geschichte mit plattdeutschen Zungenschlag bei, die Bertha erheitern soll.

Und beiläufig kündigt er seinen Besuch zu Ostern an!

Es ist schon bemerkenswert, welche Gedankenakrobatik Theodor einem fünfzehnjährigen Mädchen zumutet; ist es „Liebe macht blind" oder ein tatsächlicher, verhängnisvoller Realitätsverlust?

Er hat ja bisher kein eindeutiges feed-back von Bertha bezüglich ihrer Beziehung erhalten; kein Wunder bei einem Mädchen, das diese emotionale Penetranz kaum wird einordnen können!

Hilfestellung kann er weder von Therese Rowohl, der Pflegemutter Berthas, noch von seiner Tante Friederike Scherff, in deren Haushalt er das Mädchen kennen gelernt hat, erwarten. Im Gegenteil–er habe rote Linien überschritten, so beide erfahrenen Frauen.

Theodor bleibt hartnäckig!

Und genauso zielstrebig ist der Hang, seine Gedanken aufs Papier zu bringen.

In seiner Studentenclique wird viel gelesen und geschrieben; hier ist es der kühle Mommsen, der ihm Mörike nahebringt, den Pastor aus dem Kurfürstentum Württemberg mit seinem Hang zum biedermeierlichen „Gesang". Literarisch wird Theodor dem Schwaben, der erst später den Schritt von der Romantik zum Realismus machen wird, auf diesem Weg in einigen Jahren folgen.

Zunächst wird jedoch gesammelt: Spukgeschichten, die er so gut kennt, Märchen und Sagen werden zusammengetragen und sollen einmal veröffentlicht werden. Der Kieler Bibliothekar Karl Müllenhoff wird behilflich sein.

Schließlich hat er auch noch zu studieren; im September 1842 steht das Staatsexamen an. Er besteht die Prüfungen mit dem „Zweiten Charakter", das heißt mit guten oder größtenteils guten Leistungen. Der Bummelstudent Theodor hat nach-für damalige Verhältnisse-elf langen Semestern und einem Haufen Schulden im Oktober endlich seine Urkunde in der Tasche.

Das bürgerliche Gesellschaftsideal vor Augen will der frische Advokat jetzt auch heiraten und seine eigene Familie gründen. Was liegt für ihn näher, als die Geschichte mit Bertha nun zu einem guten Ende zu bringen. Im gleichen Monat schreibt er ihr, mit der Bitte ihn zu heiraten.

Dann kommt die Katastrophe:

„...so wirst Du mir recht geben, dass ich noch viel zu jung bin, um mit Ernst einen solchen Gedanken aufzunehmen, wie vielmehr einen Schritt zu tun, an dem mein ganzes Leben hängt..." schreibt ihm Bertha.

Er ist wie vor den Kopf geschlagen und am Boden zerstört; es wäre in dieser Zeit durchaus üblich gewesen, eine Sechzehnjährige zu heiraten. Dass sie ihn vielleicht gar nicht liebt, kommt ihm nicht in den Sinn. Sie scheint ihre Jugend vorgeschoben zu haben, um ihn nicht zu kränken. Dem emotionalen Druck, den Theodor ausübt, ist sie nicht gewachsen.

Der Träumer, der sich während der sechs Jahre Bemühen um Bertha nie ihrer Liebe sicher sein konnte, ist auf dem harten Boden der Tatsachen angekommen. Alle Luftschlösser von zärtlicher Liebe, treuem Eheglück und froher Kinderschar sind zusammengebrochen.

Er wird eine Reihe von gefühlvollen Gedichten schreiben, um sein Trauma bewältigen zu können; ihm wird es gelingen, auch wenn der Hang zu seinen Kindfrauen bis ins hohe Alter erhalten bleibt.

Doch was bleibt ihm? Was tun?

Währenddessen ist es in der Meißner Drei-Mädchen-Wohnung am Baderberg stiller geworden. Schwester Antonie hat ihren Friedrich Dennhardt geheiratet und ist mit ihm in das nahe bei Freiberg liegende Oederan gezogen. Ihr Mann ist Gerichtsdirektor in dem kleinen sächsischen Städtchen, und sie hat bestimmt eine gute Partie gemacht. Doch Louise sieht das anders; Antonie wird sich als ehrbare und tüchtige Hausfrau für ihren Gatten erweisen, ein standesgemäßes Haus führen. Aber Liebe?

Sie glaubt ihr die echte Liebe nicht, und das ist nichts für Louise. Die Schwestern haben vereinbart, dass Louise das frisch gebackene Ehepaar nach ihrem Umzug besuchen soll. Es sollte für sie, die über Dresden nie hinaus gekommen ist, die erste größere Reise werden.

Im Januar 1840 macht sie sich auf den Weg ins Erzgebirge. In der Region um Oederan ist eine Vielzahl von Spinnereien und Webereien entstanden, die eine besondere Gebäudestruktur aufweisen.

Vielleicht kann Louise nicht wissen, als sie an einem großen, hell erleuchteten Haus vorbeifährt-es erinnert sie an einen Palast-, dass es sich um eine Spinnerei handelt.

Üblicherweise sind diese Industriebetriebe im klassizistischen, teilweise barocken Stil errichtet worden. Auch der historistische Baustil ist verwandt worden. Erst später werden die Fabrikgebäude der Spinnereien und Webereien mit ihrer Palastarchitektur einen eigenen Beitrag zur Fabrikarchitektur liefern.

Hier wird es wohl die Fiedlersche Spinnerei sein, die sie auf ihrer Fahrt von der Freiberger Chaussee aus sehen kann. Es ist nicht gesichert, ob Louise diese Werkstätten während ihres Besuchs gesehen hat; sie hat jedenfalls Kenntnis von den dortigen Arbeitsbedingungen.

Und diese werden sie zutiefst erschüttern!

Sie erfährt, dass fast dreißig Prozent der Beschäftigten Kinder unter vierzehn Jahren sind. Zu einem noch geringeren Lohn als die erwachsenen Arbeiterinnen und Arbeiter! Da die Maschinen und Geräte insbesondere in den Handmaschinenspinnereien so niedrig gebaut worden sind, dass sie gut von Kindern zu bedienen sind, kommt es bei den Erwachsenen zu chronischen Rückenleiden. Wegen der ständigen Brandgefahr werden nur spärlich Licht gebende Öllampen aufgestellt, so dass es zu erheblichen Sehschwächen der Beschäftigten kommt. Starke Staubentwicklung, die schwüle Atmosphäre in den Arbeitssälen und die ständig stehenden Arbeitsverrichtungen führen zu den typischen Berufskrankheiten: Katarrhe der Augen, Nasen, des Kehlkopfes und der Lungen sowie Geschwüre an den Beinen.

Ebenso häufig ist eine Krankheit anzutreffen, die Louise nur zu gut aus eigenem Erleben kennt: die Schwindsucht oder Tuberkulose.

Dazu kommt ein Regelwerk der Fabrikanten, das den Beschäftigen kaum Rechte einräumt und bei Fehlverhalten drakonische Strafen androht;

Wasch-, Umkleide-oder Aufenthaltsräume gibt es nicht. Essen muss oft während der Arbeitszeit eingenommen werden.

Die Apparaturen sind nicht Schutz verkleidet, möglichst platzsparend und eng in den Sälen aufgestellt; aus diesem Grund kommt es häufig zu Unfällen an den rotierenden Teilen und Transmissionsriemen.

Dazu der unbeschreibliche Lärm der Maschinen!

Louise ist schockiert; sie hat zwar davon gehört, dass Preußen im März 1839 die Kinderarbeit durch das „Regulativ über die Beschäftigung jugendlicher Arbeiter" eingeschränkt hat. Sie weiß aber auch, dass diese Einschränkung nicht aus moralischen Gründen verordnet worden ist: Friedrich Wilhelm III sah die Gefahr der Zerstörung der Rekrutierungsgrundlage für die Armee durch den schlechten Gesundheitszustand der jungen Männer!

Trotz aller markigen Worte den Pauperismus zu bekämpfen, sieht Louise vorerst nur das Elend und keine Besserung der Lebensumstände der in den Fabriken arbeitende Bevölkerung; in ihrem bekannten Stil schreibt sie wohl noch in der Wohnung der Schwester in Oederan :

„...so töne auch mit weiblichem Erbarmen
Mein Singen für die ausgestoßnen Armen !
Es fordert auch Gemeinschaft aller Güter
Es ruft nur laut: So leiden unsere Brüder!"

Obwohl in diesen kurzen Versen schon von „Gemeinschaft aller Güter" die Rede ist, ist ihre Lyrik
noch stark durch emotionale Bewegtheit geprägt,
ohne dass ein explizit politischer Anspruch erkennbar ist. Das klingt schon anders in ihrem Gedicht,
das in der Zeit zwischen 1840 und 1850 mit dem Titel „Klöpplerinnen" entsteht:

„Seht Ihr sie sitzen am Klöppelkissen
Die Wangen bleich und die Augen rot!
Sie mühen sich ab für einen Bissen,
Für einen Bissen schwarzes Brot!.....
...Ihr schwelgt und prasset, wo sie verderben,
Genießt das Leben in Saus und Braus,
Indessen sie vor Hunger sterben,
Gott dankend, daß die Qual nun aus!..."

Zwar benutzt Louise die für ihre Lyrik typische Sprache und Wortwahl, doch die inhaltliche Aussage ist ohne schwärmerisches Beiwerk klar formuliert.

Durch die hautnahe Erfahrung des Elends der proletarischen Arbeiterschicht in den Spinnereien und Webereien hat sie den Schlüssel für ihre weitere schriftstellerische und journalistische Arbeit gefunden.

Die junge Frau sucht nach Gründen für die gesehene Not; bei einem „Blick zurück" auf ihr eigenes Leben stellt sie fest: ich habe die Schule besuchen dürfen– wenn auch nicht so, wie ich es mir vorgestellt habe -, meine Mutter hat mir die Weltliteratur nahe gebracht, die liberalen Eltern haben ein zusätzliches Jahr Schule ermöglicht, und ich habe weiterhin privaten Unterricht erhalten.

Und was ist mit den Mädchen und Frauen, die vor diesen Webstühlen sitzen?

Wie sehen deren Familien aus? Was hat sie an einem beruflichen Fortkommen gehindert?

Sie kommt schnell zu dem Schluss, dass die Ursachen für die soziale Misere vor allem in der mangelhaften Bildung und der ungleichen Stellung dieser Arbeiterinnen in der Gesellschaft liegen.

Nach einem Vierteljahrhundert wird Louise Otto-Peters 1866 die wichtige Streitschrift "Das Recht der Frauen auf Erwerb" veröffentlichen, in der sie ihre Position innerhalb der Diskussion um Frauen und Erwerbsarbeit schildert.
"Wir sehen alles mit Freuden geschehen, was geschieht, um die Frauenfrage ihrer Lösung immer näherzuführen. An der Überzeugung aber halten wir fest, daß ihre wirkliche Lösung nur gefunden werden kann durch die Frauen selbst, durch ihren eigenen Willen und ihre eigene Kraft, daß jede andere Lösung nichts ist als ein Präservativ, das nur auf kurze Zeit helfen kann, dann aber doch wieder als unnütz beiseite geworfen werden muß. "

Doch noch bestimmen Empörung und ungerichtetes Aufgebrachtsein die Emotionen der Einundzwanzigjährigen.
Ende Januar 1840 macht Louise sich wieder auf den Rückweg nach Meißen; vorher möchte sie allerdings

noch eine Freundin in Dresden besuchen. Man verabredet sich in einem Restaurant im Großen Garten. Zu diesem Treff werden noch andere Gleichaltrige kommen.

Und dort passiert ihr etwas, mit dem sie nie gerechnet hat. Sie, die sich als junges Mädchen der Euterpe verschrieben hat, deren Vorbild die jungfräuliche Jeanne d`Arc gewesen ist und die nicht heiraten will, verliebt sich!

Es ist der zehn Jahre ältere Advokat und Dichter Gustav Müller, der sie heftig umwirbt. Und Louise ist nicht abgeneigt–spürt sie doch eine starke Seelenverwandtschaft und gleiche Interessen. Als sie ihm im Theater begegnet, ihre Blicke sich „wie magnetisch" treffen, lebt sie „in einem Zustand des Rausches".

Gustav folgt ihr beinahe auf Schritt und Tritt, und Louise wird unsicher. Sie wünscht sich–da ist sie noch die frühe Romantikerin!-einen schwärmerischen Briefwechsel über geistig anspruchsvolle Dinge, einen Gedankenaustausch auf hohem intellektuellem Niveau.

Ihr schwebt eine Beziehung vor, wie sie von dem geschätzten August Tiedge und Elisa von der Recke in Dresden gelebt worden ist; Elisa, die alle Geistesgrößen der Zeit gekannt, mit ihnen parliert und freundschaftliche Beziehungen gepflegt hat, Christoph August, der seine Freundin auf ihren Reisen begleitet, nach ihrem Tod 1833 die gemeinsame Wohnung behalten und nichts in ihr verändert hat.

Eine Zweisamkeit ohne Libido?

Reicht Gustav die rein geistig-seelische Liebe?

Hat sie Oederan und die Weberinnen vergessen?

Als sie eine Freundin in Naumburg besucht, schreibt Gustav ihr, dass er es ohne sie nicht mehr aushalten könne und sie unbedingt sehen müsse. Louise stimmt zu. Während dieser Zeit besprechen sich beide–nun beim „Du" angekommen-, wie sie ihre Beziehung bei Verwandten, Freunden in Meißen und Dresden erklären wollen. Es wird ein wenig getrickst; man will weder öffentlich bekannt machen noch dementieren.

Als im Mai 1840 Schwester Francisca den Apotheker Heinrich Burckhardt heiratet und aus der gemeinsamen Wohnung auszieht, machen Louise und Gustav ihre bald darauf folgende Verlobung öffentlich; am 14. Juli gehen beide in Dresden diese Bindung ein .

Trotz einiger Gerüchte um Gustav bezüglich seiner Familie und seiner beruflichen Tätigkeit ist die Verbindung wohl glücklich gewesen.

Im Dezember bemerkt Louise eine Veränderung an Gustav, die sie an schlimme frühere Zeiten erinnert: er hat an Gewicht abgenommen, sieht schwach und müde aus, spricht heiser und klagt über Schmerzen im Brustkorb sowie über Atemnot.

Als sie seinen Arzt Dr. Helbig konsultiert, bestätigt er ihre Vermutung. Gustav hat die Schwindsucht und wird in absehbarer Zeit sterben.

Mit ihrer Tante Amalie zieht sie–Gustav ganz nahe - in eine Wohnung in Strehlen. Trotz aller Pflege erliegt Gustav der Tuberkulose im Mai 1841.

Bei seiner Beerdigung auf dem Dresdner Johannisfriedhof ist Louise nicht zugegen; sie „lag betend allein in ihrem Kämmerlein".

Ihre wohl erste Liebesbeziehung endet tragisch, kaum dass sie begonnen hat.

Innerhalb weniger Jahre ist dies der vierte Tod, den die junge Louise erleben muss. Mitleid von sich weisend kümmert sie sich um die Auflösung von Gustavs Wohnung in Dresden; ihre früh gelernte Selbständigkeit hilft ihr in der ersten Zeit der Trauer durch handfeste Arbeit.

Es muss für sie herzbewegend und erschütternd gewesen sein, dass ihr erstes veröffentlichtes Gedicht ausgerechnet die Grabsteininschrift ihres geliebten Gustav ist:
„In meinem Herzen steht Dein Bild,
Dein Name klingt durch meine Lieder!
Mit Bild und Tönen nah ich mild
Trotz Leid und Grab zu Dir mich wieder:
Denn zweier Seelen Harmonie
Verstimmt des Todes schriller Mißton nie !
Deine Louise"

Manch anderer Mensch wäre an diesen traumatischen Erlebnissen zerbrochen; nicht so Louise. Sie fällt zwar zunächst in ein tiefes Loch, aber mobilisiert all ihre Willenskraft, um schließlich sagen zu können, „daß weiter gelebt werden muß".

Sie stürzt sich intensiv in ihr Selbststudium, bessert ihr vernachlässigtes Französisch auf, um unter anderem George Sand im Original lesen zu können; erst später wird Louise die Frauen rechtliche Bedeutung der Französin bewerten und sie als „Brandfackel" der Frauenbewegung beschreiben.

Durch ihren Schwager Burckhardt angeregt widmet sie sich auch naturwissenschaftlichen Studien.

Neben den klassischen Philosophen sind ihr die zeitgenössischen Gelehrten, Literaten und Geschichtsschreiber wichtig; ein wohlbekannter Name kommt ihr bei den Schriften unter: der Literatur-und Theaterwissenschaftler Julius Mosen, den sie bei ihrem Tiedge-Besuch gesehen hat.

Durch die gewissenhafte Lektüre u.a. von Theodor Mundt schafft sie sich die erkenntnistheoretische Grundlage für ihren frauenpolitischen Diskurs. Und Louise erkundet neues Terrain: sie systematisiert für ihre künftige Arbeit literaturtheoretische Anforderungen und Beschreibungen.

Zudem entdeckt sie die Möglichkeit, neben der für sie geläufigen romantischen Lyrik in diese literarische Gattung die sozialkritischen Elemente, die ihr vorschweben, unterbringen zu können. Die Anregung hat sie schon ein Dreivierteljahr vorher erhalten; als am 18.9.1840 in der „Trierischen Zeitung" das „Rheinlied" von Nikolaus Becker erschienen ist, wird sie in ihren Gedichten zunehmend die politische Komponente thematisieren. Den Anstoß geben die Werke der sozialkritischen Dichter wie Hoffmann von Fallersleben, Georg Herwegh, Heinrich Heine und-Theodor Storm lässt grüßen!-Emanuel Geibel.

Im Jahr 1842 werden Louises Gedichte im „Meißner gemeinnützigen Wochenblatt" erstmals veröffentlicht und im Oktober desselben Jahres im „Musenalmanach".

Damit schafft sie den Durchbruch für ihre Laufbahn als Schriftstellerin, Dichterin und Journalistin.

Im Herbst desselben Jahres bereitet sich im fernen Husum Casimir Storm in seiner Rechtsanwaltspraxis darauf vor, seinen Sohn Theodor in das juristische Metier einzuarbeiten. Bevor dieser eine eigene Kanzlei eröffnet, soll ihm die Praxis nahe gebracht werden.

Aber mehr auch nicht!

Beruflich hätte es wohl Schwierigkeiten mit Vater und Sohn gegeben; der Sohn ist dem Vater zu poetisch, nicht handfest genug für den ganz unschwärmerischen Beruf. Zudem sind beide reizbare Naturen und neigen zu Jähzorn und Heftigkeit. Nach der väterlichen Unterweisung soll er möglichst bald auf eigenen Füßen stehen!

Doch noch ist Theodor in Kiel und sitzt vor dem Scherbenhaufen einer unglücklichen Liebe und einer Menge Schulden.

Er ist ratlos, und was liegt näher als...?

Zurück ins warme Nest der Familie nach Husum! Hier kann er in vertrauter Umgebung seine Wunden pflegen und sich in die Arbeit seines Brotberufes stürzen.

Fluchtartig verlässt er Kiel, vergisst so manches; Freund Mommsen muss helfen.

In Schleswig empfangen ihn die väterlichen Arme und alles scheint gut!

Doch wie es um ihn tatsächlich bestellt ist, teilt er seinem Namensvetter als eifriger Briefeschreiber mit. Bereits Ende Oktober des Jahres geht der erste Brief an Theodor Mommsen.

Zunächst ist ehrliche Freude darüber, dass sein Vater ihn in Schleswig abholt.

Die Begebenheit soll nicht unerwähnt bleiben, weil in dieser Zeit das Verhältnis Vater-Sohn nicht das Beste gewesen ist. Dieser Umstand wird sich erst in einigen Jahren ändern.

Die vier Meilen lange Fahrt von Schleswig nach Husum bereitet dem Naturliebhaber sichtlich Freude; als es dann jedoch von der Geest in die tiefe Marsch geht, der Wald mit seinem bunten Laub verschwindet und sie „durch flaches, ödes Land" gefahren sind, scheint ein Wermutstropfen die frohe Stimmung zu trüben. Auch das Brausen der heimatlichen Nordsee ist ihm kein Willkommensgruß. Erst zu Hause bei den Eltern genießt er den herzlichen Empfang seiner Familie.

Es folgt eine Schilderung des beruflichen Alltags, die den Juristenfreund interessieren könnte; er erwähnt noch, dass ein Examen in Dänisch bei seinem Professor Niels Nikolaus Falck, den er frech-liebevoll „Papa Falck" nennt, in Schleswig ansteht.

All das als ein Vorgeplänkel auf das, was nun kommt und ihm wirklich wichtig ist!

Es beginnt mit „Nun sage ich Ihnen eins:....".

Die Ankündigung des nun folgenden Brieftextes kann als Aufforderung, zumindest dringende Bitte oder gar versteckter Befehl verstanden werden und weist auf den eigentlichen Grund des Schreibens hin.

„Wenn..., da bleiben Sie wenigstens doch acht Tage bei uns... Ich entbehre hier alles, den Freund und die Geliebte...ich verfalle noch gegen meine Natur in Langeweile". Er erwähnt die Kieler Freunde und vermisst das „leichtsinnige Kieler Gewimmel. Die Nordsee als bestimmendes Element seiner Heimat wird für ihn „groß, wüst und menschenfeindlich". In den Lehnstuhl nahe bei ihm wünscht er sich den Freund und wiederholt noch einmal eindringlich die Einladung zu einem Besuch.

Dieser Brief ist ein Beispiel für den immer noch unsicheren, hin-und hergerissenen Theodor; ist er zu Hause, wünscht er sich weg. In der Fremde sehnt er sich nach dem summenden Teekessel in der heimatlichen Stube.

Einen Erklärungsansatz für dieses Verhaltensmuster bietet die Freudsche Analyse, die die Sehnsucht als ein Verlangen nach häufig Erlebtem und Vergangenem beschreibt. Der sehnsüchtige Mensch empfindet den Jetzt-Zustand schwieriger als den, nach dem er sich sehnt; dieses rückwärts gerichtete, nostalgische Gefühl ist vor allem beim jungen Theodor festzustellen.

Vielleicht spielt auch hier der literarische Zeitgeist mit seinen Protagonisten wie Joseph von Eichendorff, Adalbert von Chamisso oder Eduard Mörike-Autoren, die Theodor schätzt und verehrt–eine bestimmende Rolle. Die spätromantischen und biedermeierlichen Lebensgefühle wie Resignation, Weltschmerz, Sinnkrise, Schwermut und Verzweiflung passen natürlich in die jetzige Lebenssituation des Theodor Storm.

Die bittersüße „blaue Blume" ist auch in der Lyrik des frühen Theodor mit ihrem spätromantischen An- flug in anderer Gestalt heraus zu lesen.

In der modernen Sehnsuchtsforschung wird dieses Gefühl mit Lebenshunger und Liebesdurst um- schrieben; er spürt diese elementaren Bedürfnisse, wird sie aber immer vermissen.

Theodor–dies wird nicht nur in der Novelle „Aquis submersus", sondern auch in anderen Texten deut- lich–fasst später sein Streben im schriftstellerischen wie privaten Bereich unter dem lakonischen Satz „Es ist alles doch umsonst gewesen" zusammen.

Inwieweit dies zutreffen wird und ob auch Louise das Gefühl der Sehnsucht kennt und lebt, wie sie sich in ihrem Verhalten und ihren Gemütslagen un- terscheiden, soll später ausgeführt werden.

Bereits einen Monat später geht Theodors nächster Brief an Mommsen zur Post. In diesem Schreiben ist jedoch ein anderer Duktus zu erkennen. Jetzt geht es ihm um die in Kiel begonnene Idee der Lieder-und Gedichtsammlung, er kann erfreut in junge, frische

Mädchengesichter blicken und etabliert sich allmählich im großbürgerlichen Leben der Provinz. Dennoch rutscht es aus ihm heraus „Wie reich war ich doch in Kiel!"

1843 erscheint schließlich in der Schwers`schen Buchhandlung in Kiel das „Liederbuch dreier Freunde".

Theodor steuert rund vierzig Gedichte–eine beträchtliche Anzahl seiner verflossenen Bertha gewidmet–und einige Fiedellieder bei; es geht nicht ohne gehörigen Hickhack ab. Theodor M. sieht sich als „Redakteur geboren. Senden Sie mir nur Unvollendetes, Fragmente, was Sie haben". Theodor S. passt die selbstgefällige und leicht arrogante Art des Mitherausgebers nicht, spricht von missbräuchlichen, redaktionellen Eingriffen.

Der Andere erwidert „Ihr unwirscher Brief, mein Freund, war mir verdrießlich, ich wills nicht leugnen".

Schließlich wird sich doch geeinigt; es steht ja noch ein weiteres Projekt an, das in Kiel schon ins Visier genommen worden ist: Eine Sammlung von Sagen und Reimen aus Schleswig-Holstein.

Da Mommsen in Altona als Dozent tätig ist, müssen sich beide per Brief abstimmen. Gleichzeitig sind beide bestrebt, sich an dem „Volksbuch für Schleswig-Holstein und Lauenburg" zu beteiligen; beide kontaktieren Karl Leonhard Biernatzki, den Theologen und Publizisten, der als Herausgeber fungieren wird.

In diesem Zusammenhang sind zwei Hinweise aus dem Briefwechsel der Theodors bezüglich des Volkskalenders von Bedeutung:

Mommsen schreibt, „daß nur wenige Gedichte Aufnahme finden sollen", doch Geibel wie Storm dürfen sich mit ihren Werken beteiligen. Für Storm gibt es den dezenten, aber eindeutigen Hinweis, „wenn nur Ihre Sachen nicht, wie man sagt, zu hoch sind".

Außerdem drängt er den Kollegen, sich endlich als guter politischer Schleswig-Holsteiner, der „jetzt die Zeit gefunden hat, eine Partei zu ergreifen", zu präsentieren.

Erste Unterschiede in den Lebensgängen der beiden Freunde werden sichtbar.

Und es fällt bei der Zusammenstellung des Materials zur Sammlung zum ersten Mal das Wort „Schimmel-reiter"!

1843 erscheint dann das „Volksbuch für 1844 mit besonderer Rücksicht auf die Herzogthümer Schleswig, Holstein und Lauenburg" mit Beiträgen von Mommsen und Storm in der Buchhandlung Schwers zu Kiel; Herausgeber ist Karl Leonhard Biernatzki.

Und noch ein besonderes Datum steht an:

Es ist der 14. Januar 1844; Theodor hat um die Hand seiner Cousine Constanze Esmarch angehalten, und sie gibt ihm das Ja-Wort.

Beide kennen sich bereits Jahre; Vater Esmarch und Vater Storm sind Schüler der Husumer Gelehren-schule gewesen und kennen sich seit Jahren. Casimir Storm heiratet Lucie Woldsen und Ernst Esmarch ihre Schwester Elsabe. Während die Woldsen-Storms in Husum bleiben, zieht Ernst Esmarch mit seiner Frau nach Segeberg. Zwischen den Familien herrscht enger Kontakt; man besucht sich gegenseitig. So auch im Sommer 1843; die achtzehnjährige Constanze verbringt die Zeit bei Tante und Onkel in Husum. Und Cousin Theodor kümmert sich um die Verwandte. Sie machen Ausflüge in die nähere Umgebung, er nimmt sie wegen ihrer schönen Altstimme in seinen im April des Jahres gegründeten Chor. Im Winter ist Constanze immer noch da; sie wird sich auch über die Weihnachtsfeiertage bei den Storms aufhalten.

Den Esmarchs ist dies nicht unwillkommen, besteht doch durch die vielfältigen Kontakte, die die Storms pflegen, die Möglichkeit, den geeigneten Gatten für die Tochter zu finden.

Doch Constanze–dies gesteht sie ihrer Mutter in einem Brief-leidet in dieser Zeit der Einkehr, Besinnung und wohl auch Rührseligkeit zum ersten Mal unter Heimweh.

Das ist die Stunde Theodors!

Er, der dieses Gefühl nur zu gut kennt, tröstet sie, sieht sich gespiegelt in ihrem Weh. Die neuartige

Annäherung an die Cousine hat eine andere Qualität. Es ist mehr als verwandtschaftliche Zuneigung. Nach den zwei gescheiterten Verlobungen scheint sich für ihn eine Chance aufzutun, um seinem bürgerlichen Familienideal näher zu kommen.

Ist Constanze die Frau fürs Leben?

Was ihm fehlt, ist die prickelnde Erotik, die er bei Bertha gespürt hat.

Dennoch–jetzt soll geheiratet werden!

Doch so, wie Theodor sich die Angelegenheit vorstellt, kommt es nicht. Die Familien sind überrascht und teilen Bedenken; eine Verwandtschaftsehe ist eigentlich nicht in ihrem Sinn. Beide Väter kennen das Problem von Erbkrankheiten; letztlich stimmen sie zu–allerdings unter der Bedingung einer langen Verlobungszeit. Theodor ist verärgert, schafft es aber wenigstens Constanze bis Ostern 1845 in Husum zu halten. Diese Durststrecke bis zur Heirat ist für ihn eine echte Prüfung; zum Glück für ihn hat er seine Lyrik. In dieser Zeit entstehen sehr schöne Liebesgedichte, die auch seine sexuellen Nöte offenbaren. Zudem entwickeln Constanze und er einen lebhaften und umfangreichen Briefwechsel, der detaillierte Aussagen über beide Persönlichkeiten erlaubt. Obendrein muss Theodor die Zeit nutzen, um seine berufliche Situation zu stabilisieren.

Und all dies in einer immer turbulenter werdenden Zeit!

Für den 10. Juni 1844 soll im wenige Kilometer nördlich von Husum gelegenen Bredstedt ein Volksfest organisiert werden; Theodor lässt sich überreden im Organisationskomitee mitzuarbeiten, wohl nur deswegen, weil auf diesem Fest nicht nur Reden gehalten werden, sondern auch gesungen wird. Er dirigiert den Chor. Aber es geht vor allem um Schleswig-Holstein und die Dänen!

Und es wird viel wirres Zeug geredet. Neben den Forderungen eines geeinten Schleswig-Holstein–basierend auf dem Schlagwort des Gedichtes von August Wilhelm Neuber „up ewig ungedeelt"-wird die so genannte „friesische Freiheit" bemüht.

Der Sprachwissenschaftler Knut Jungbohn Clement

macht die Friesen zur „edelste(n) Rasse der Menschheit", Johann Friedrich Mechlenburg will Nordfriesland Schleswig-Holstein zuordnen, einzig Christian Feddersen bleibt der besonnene Mahner, der zu Humanität und Menschenliebe statt Volksliebe aufruft.

Ein paar Wochen später wird in Schleswig „Flagge" gezeigt und „Schleswig-Holstein meerumschlungen" gesungen.

Kurz-man will sich von der dänischen Herrschaft lossagen!

Theodor ist noch unentschlossen; er hat nichts gegen den dänischen Staat, setzt sich vornehmlich für den Erhalt der deutschen Sprache ein. Ein unabhängiger Friesenstaat wie ihn der Berufsrevolutionär Harro Harring fordert, kann ihm nur ein müdes Lächeln entlocken. Seine Heimat liebt er vielleicht mehr als die, die in Bredstedt den friesischen Boden herbei johlen. Aber er bleibt der Individualist, der sich in keine Schublade stecken lassen möchte. Als Freund Mommsen ihn schon einige Monate zuvor auffordert, politisch klare Kante zu zeigen, kommt nicht viel; Theodor ist dem kühlen und scharfsinnigen Namensvetter zu gefühlsbetont, „eine verweichtliche Natur".

So singt er lieber und freut sich vielleicht über die erste Eisenbahn in den Herzogtümern von Kiel nach Altona!

Auch in Meißen wird gesungen!

Als in Louises Heimatstadt 1844 ein Sängerfest vorbereitet wird, steuert sie inkognito ein Gedicht bei, das im „Meißner gemeinnützigen Wochenblatt" veröffentlicht wird:

„...Und ist der Sänger nun dem Sänger gleich–
Warum denn fühlen sich nicht Alle Brüder?
Gewiß! es kommt die Zeit so groß, so reich,
Da sind wir einig wohl durch mehr als Lieder!
Da singen wir der deutschen Freiheit Psalmen!
Da steht die Saat in segensreichen Halmen
Zu der wir hoffend jetzt den Samen streuen
Gott gebe, daß wir uns der Ernte freuen !"

Wie in der letzten Strophe des „Gruß zum Sänger-fest" deutlich wird, ist es entsprechend dem Zeit-geist nicht nur die reine Lust am Gesang, sondern es werden politische Botschaften vermittelt. Bürgerliche Gesangvereine sind es, die bis etwa 1850 und zum Teil weit darüber hinaus die deutsche Musikkultur tragen. Zugleich sind sie aber institutioneller Ausdruck herrschender Tendenzen, zunächst vor allem des patriotisch-nationalen Republikanismus, der sich in der Form des kulturellen Vereins organisiert, weil ihm die der politischen Partei verschlossen sind. Den Charakter dieser Vereine macht ein Ineinandergreifen von geselliger Kultur, Bildungsfunktion und bürgerlicher Repräsentanz aus: Sie erfüllen somit kommunikative Scharnierfunktionen an der Nahtstelle zwischen Geselligkeit und Politik, Gesang dient als Medium der Politisierung.

Gerade die so genannten Sänger-und Volksfeste kommen einem Massenerlebnis gleich und erreichen eine breite Öffentlichkeit. Hier können unter dem Deckmantel des Liedes liberale Ideen vorgebracht werden, wobei der Gesang auch die emotionale

Grundlage für die politischen Aufbruchshoffnungen der Mitwirkenden bildet.

Dies ist in Meißen wie in Bredstedt der Fall!

Und Louise schließt sich dieser Bewegung an. Theodor ist unentschlossen. Er wird erst später politisches Profil beweisen, auch wenn dies etwas verwaschen sein wird!

Während sich in Theodors Heimat die Friesentümelei breit macht, ist in Sachsen die Situation eine andere. Schlesien ist nicht so weit entfernt, als dass man nicht das Elend der Weberinnen und Weber mitbekommen hat. Außerdem ist schließlich auch Sachsen ein Land der Webereien und Spinnereien.

Es wird bekannt, dass in den Gebirgsregionen mehr als fünfzigtausend Familien dem Hungertod nahe sind. Überregionale Zeitschriften wie das „Frankfurter Journal" berichten über die haltlosen Zustände. Die Schriftstellerin Bettina von Arnim konstatiert, dass diese Ungerechtigkeit eines zivilisierten Staates unwürdig sei; Heinrich Heine steuert aus dem französischen Exil ein Gedicht bei:

„Im düstern Auge keine Thräne,
Sie sitzen am Webstuhl und fletschen die Zähne:
Deutschland, wir weben dein Leichentuch,
Wir weben hinein den dreifachen Fluch–
Wir weben, wir weben!

Ein Fluch dem Götzen, zu dem wir gebeten
In Winterskälte und Hungersnöthen;
Wir haben vergebens gehofft und geharrt,
Er hat uns geäfft und gefoppt und genarrt–
Wir weben, wir weben!

Ein Fluch dem König, dem König der Reichen,
Den unser Elend nicht konnte erweichen,
Der den letzten Groschen von uns erpresst,
Und uns wie Hunde erschießen lässt–
Wir weben, wir weben!

Ein Fluch dem falschen Vaterlande,
Wo nur gedeihen Schmach und Schande,
Wo jede Blume früh geknickt,
Wo Fäulnis und Moder den Wurm erquickt–
Wir weben, wir weben!

Das Schiffchen fliegt, der Webstuhl kracht,
Wir weben emsig Tag und Nacht–
Altdeutschland, wir weben dein Leichentuch,
Wir weben hinein den dreifachen Fluch,
Wir weben, wir weben!"

Besonders eindrucksvoll ist das Gedicht von Ferdinand Freiligrath „Aus dem schlesischen Gebirge", das die schiere Verzweiflung eines Kindes beschreibt, indem es den Berggeist Rübezahl um Hilfe bittet:

„...Kein Laut! - Ich bin ins Holz gegangen,
Daß er uns hilft in unsrer Not!
Oh, meiner Mutter blasse Wangen -
Im ganzen Haus kein Stückchen Brot!
Der Vater schritt zu Markt mit Fluchen -
Find er auch Käufer nur einmal!
Ich wills mit Rübezahl versuchen -
Wo bleibt er nur? Zum drittenmal: Rübezahl!..."
Die unmenschlichen Arbeitsbedingungen sowie eine indiskutable Entlohnung führen schließlich zu einer Revolte mit Toten und Verletzten.

Der Publizist Johann Friedrich Wilhelm Wolf wird in dem von Hermann Püttmann 1845 herausgegebenen „Deutsches(n) Bürgerbuch"-einem revolutionär-demokratischen Organ-einen detaillierten Bericht über das Elend und den Aufruhr in Schlesien publizieren. Als Anhang folgt das Lied der Weber aus Peterswaldau und Langenbielau mit dem bezeichnenden Titel „Das Blutgericht".

Die sozialkritische intellektuelle Avantgarde spricht von der „sozialen Krankheit"; der Chronist Karl August Varnhagen von Ense glaubt im Weberaufstand eine „Wendung der Geschichte" zu erkennen. Diese Erkenntnis wird von revolutionären Zeitgenossen geteilt; man glaubt, die proletarischen Massen haben den Kampf für ein menschenwürdiges Dasein begonnen.

Louise sieht das ein wenig anders; sie sieht vornehmlich die Menschen, bei denen „nichts gesprochen (habe) als die Verzweiflung, die gräßliche Noth und der qualvolle Hunger". Sie bemerkt „keine politischen Motive, kein Bewußtsein communistischer Idee".

Dennoch–sie hat als Dreiundzwanzigjährige ihren ersten Roman „Ludwig, der Kellner" veröffentlicht, der eindeutig gesellschaftskritische Züge trägt. Doch trotz der deprimierenden Zustandsbeschreibung sieht die junge Frau Hoffnungsschimmer:"...sehe ich mich um in der Gegenwart, sehe ich den Kampf neuer Lebenselemente mit alten Vorurteilen..., glaube ich einigen Kalendermachern, die uns die Wendepunkte der Jahreszeiten bestimmen wollen, und sage mit ihnen: Wir haben Frühlingsanfang; und kommt der Frühling nicht heute, so kommt er doch bald".

Sie liest die von Arnold Ruge und Karl Marx herausgegebenen „Deutsch-Französischen Jahrbücher" sowie die „Rheinische Zeitung", in der unter anderen die von ihr geschätzten Georg Herwegh und August Heinrich Hoffmann von Fallersleben als Mitarbeiter agieren. Auch der Herausgeber des „Deutschen Bürgerbuch(s)", Hermann Püttmann, gehört zu ihnen.

Alles Autoren, die sich in ihren Schriften für eine Veränderung des gegenwärtigen gesellschaftlichen Zustandes einsetzen.

Ihre Abhandlungen, die sie für eine Vielzahl von Zeitschriften publiziert, die bisherigen zwei Romane –nach „Ludwig, der Kellner" erschien bald darauf „Kathinka"-machen sie in der Literaturlandschaft bekannt. Ihr Förderer und Mentor in dieser Zeit ist der Publizist und Verleger Ernst Keil, der ihr in der Wochenzeitschrift „Unser Planet", des späteren „Wandelstern", die Möglichkeit bietet, Gedichte und Aufsätze zu veröffentlichen; allerdings ist ihr aufgetragen, unter „Otto Stern" zu publizieren. Keil wird in Louises Leben noch eine Rolle spielen.

Ein gutes halbes Jahr zuvor liest sie in den „Sächsischen Vaterlands-Blättern" den Artikel eines Robert Blum, betitelt „Über die Theilname der weiblichen Welt am Staatsleben". Die „Blätter" verstehen sich als Organ der Opposition und Sprachrohr für die antifeudale Front der Arbeiter und Handwerker; Blum - republikanischer Publizist, Freiheitskämpfer und Mitglied der deutsch-katholischen Bewegung-hat Louise mit diesem Artikel eine Vorlage gegeben, die sie nur allzu gern nutzt. Bereits einige Tage später erscheint in den Blättern ihre Replik „Antwort eines sächsischen Mädchens" Fazit: „Die Teilnahme der Frauen an den Interessen des Staates ist nicht allein ein Recht, sondern eine Pflicht aller Frauen".

Ein Umstand wird sie besonders gefreut haben: sie darf(!) den Artikel mit „Louise Otto" unterschreiben und muss kein Pseudonym benutzen. Mit Blum und seiner Familie wird sie eine lang anhaltende Freundschaft pflegen; durch ihn wird sie mit der Bewegung der Deutsch-Katholiken zusammen kommen.

Sie präferiert auch in dieser Zeit einen besonderen Typus von Schriftstellern wie Ferdinand Freiligrath oder Carl Isidor Beck; dies ist umso bemerkenswerter, als es einen heftigen Disput zwischen Freiligrath und Herwegh sowie Blum um die rechte politische Ausrichtung gegeben hat–Oppositionelle, die sie gleichermaßen bewundert.

Vielleicht ist es die Inbrunst und die stark aufgetragene Emotionalität, die sie bei Beck und Freiligrath wie auch bei Ludwig Börne so schätzt und die sie Heinrich Heine ablehnen lässt.

Es sind diese markigen Sprüche von Börne wie „Übrigens ist das Pulver eine gute Erfindung, ebenso wie die Druckerei, wenn man nur den rechten Gebrauch davon macht. Wir Deutschen aber benutzen die Presse, um die Dummheit, und das Pulver, um die Sklaverei zu verbreiten...", die sie begeistern.

Vielleicht wäre ihr Verhältnis zu Heine nach Kenntnis dieser Textpassage ein anderes gewesen:

"Ja, dieser Börne war ein großer Patriot, vielleicht der Größte, der aus Germanias stiefmütterlichen Brüsten das glühendste Leben und den bittersten Tod gesogen! In der Seele dieses Mannes jauchzte und blutete eine rührende Vaterlandsliebe, die ihrer Natur nach verschämt, wie jede Liebe, sich gern unter knurrenden Scheltworten und nergelnden Murrsinn versteckte, aber in unbewachter Stund desto gewaltsamer hervorbrach !" Nach Börnes Tod schreibt er weiterhin: „Ich war nie Börnes Freund, und ich war auch nie sein Feind". Aber er verstand ihn!

In diesem Konglomerat von oppositionellen Gruppen und Grüppchen, die sich teilweise widersprechen und sogar bekämpfen, sucht Louise ihren Weg.

In einem Brief entgegnet sie einer fiktiven Kritikerin: „...und deshalb vergebe ich Dir, wenn Du mir den 'Parteigeist' zum Vorwurf machst, denn ich gehöre ganz und gar einer bestimmten politischen Partei und einer bestimmten Farbe...mein Weg geht gerad aus und mein Auge späht nur immer nach vorwärts".

Was meint sie genau mit einer „bestimmten politischer Partei"? Was besagt „mein Weg geht gerad aus"? Da ist noch viel Spielraum für Spekulationen, wohin die politische Reise gehen soll! Doch eins ist sicher: als roter Faden dient ihr immer die Frauenfrage!

Währenddessen hat Theodor im fernen Husum andere Dinge im Kopf: da der Heirat mit Constanze nichts mehr im Wege steht, will er seine zukünftige Frau vorsorglich „präparieren".

Vielleicht hat er noch die Begebenheit vor einigen Jahren in Dresden vor Augen, als er mit einigen Kommilitonen in einem Restaurant auf eine Tischgesellschaft getroffen ist, bei der ihm ein junges Mädchen in einem blauen Kleid aufgefallen ist. Sie ist zugegebenermaßen nicht sein Frauentyp gewesen; doch die intellektuelle Wachheit, ihre Begeisterung für die Literatur und die für eine Frau ungewöhnliche Leidenschaft für gesellschaftliche und politische Entwicklungen haben ihm imponiert.

So könnte er sich seine Constanze vorstellen: einerseits die zärtliche, hingebungsvolle Geliebte, andererseits das reflektierende, gebildete Gegenüber auf kultivierter Augenhöhe. Dann natürlich auch noch treu sorgende Hausfrau und liebevolle Mutter.

Dazu kommt die Erwartung auf Verständnis und Rücksichtnahme bezüglich seiner eigenen Befindlichkeit, die er in den Briefen an Constanze ausführlich beschreibt.

Er schildert detailliert seine Gesundheitsprobleme bis zu den kleinsten Wehwehchen; vielleicht kennt Constanze bereits seinen Hang zur Hypochondrie und weiß ihn zu beruhigen.

Und immer wieder der Schulmeister, der mit dem Rohrstock droht, um im nächsten Moment die Standpauke wieder zurück zu nehmen.

„...würde ich mit meinen scharfen Augen in Wirklichkeit auch nur die geringste Neigung für einen anderen bei meiner Geliebten entdecken, so würde ich mit meiner bekannten Rücksichtslosigkeit augenblicklich das Verhältnis zerbrechen...", dann aber „...Du kannst nur einen lieben – meine Constanze, an mich mußt Du Dich mit allen Kräften anschließen, Du kannst ja nicht anders..." schreibt er eines Mittwochabends im Mai 1844.

Dieses 'Erziehungsmodell', das er auch in Ansätzen später bei seinen Kindern praktizieren wird, ist im klassischen Marcuseschen Sinn repressiv-tolerant.

Sicher ist er auch Kind–oder besser–Mann seiner Zeit gewesen sein; einige Jahre älter als Constanze, mit entsprechender Lebens-und Liebeserfahrung will er ihr den bruchlosen Übergang aus der Obhut der Eltern in die des Gatten ermöglichen–mit den dazugehörigen Verpflichtungen zum Gehorsam.

Sein Bildungsideal für sie macht auch vor „Kleinkariertem" nicht halt; als sie ihm einmal mitteilt, dass sie 'furchtbar' abgespannt sei, kommt sofort der Rüffel! Sie möge doch bitte diese Klippschulenausdrü-

cke unterlassen, denn „ wir müssen uns als Gebildete ohne Zweifel befleißigen, die Worte in der Bedeutung zu gebrauchen, die sie durch den Sprachgebrauch haben". Wenn dieser wenig dezente Hinweis
auf ihre Ausdrucksweise noch vergleichsweise zu tolerieren ist, zeugt die nächste Anmerkung von einer
Überheblichkeit, die beinahe einer Beleidigung
gleichkommt: „Ungebildete und Kinder tragen ihre
Willkür in die Sprache hinein...aber Du hast jetzt für
diese sprachliche Bemerkung wohl keinen Sinn". Die
dazugehörige Ansprache „Du mein liebes teures
Kind"-von Theodor sicher ohne Hintergedanken ge-
äußert!- würde aufgrund ihrer verniedlichenden und
damit herabwürdigenden Art heute wohl heftigen
frauenbewegten Protest hervor gerufen haben.

Als er im gleichen Brief Klärchens Lied aus Goethes
„Egmont" zitiert, kommt man nicht umhin, an die
private-intime Befindlichkeit des jungen Theodor zu
denken–gefangen im extremen Gefühlsspektrum
zwischen grenzenloser Euphorie und absolutem
Tief. Die beiden Zeilen „Himmelhoch jauchzend,
Zum Tode betrübt" werden in der Psychiatrie zum

Synonym für eine bipolare Störung. Dass dies alles ein bisschen zu viel des Guten für seine Verlobte sein könnte, kommt ihm nicht in den Sinn; doch Constanze ist geduldig, sie hat in den zwei Jahren der Verlobungszeit gelernt, mit Theodors Schrullen umzugehen und weiß sich mit deutlichen Worten–gemischt mit mildem Spott–zu wehren.

Und Louise?

Träfen sie, die sechs Jahre älter als Constanze ist und klare Vorstellungen von der Rolle der Frau hat, diese Anmerkungen?

Vielleicht schätzt sie diesen exakten Gebrauch der Sprache, den Theodor anmahnt, gerade für die Literatur?

In ihren ersten schriftstellerischen Versuchen hat sie sich vornehmlich an männlichen Protagonisten orientiert; später wird sie sich dem „Mann" gegenüber ebenbürtig zeigen. Im Zusammenhang mit der Beziehung zu ihrem späteren Gatten August Peters wird sie einmal formulieren, dass August ihr geistig überlegen ist, sie aber auf ihren Stolz und ihre Persönlichkeit pocht, ein Charakter und kein Genius sei.

In dieser persönlichen Einschätzung entsteht auf Grundlage ihres Gedichtes „Klöpplerinnen" und der Vorkommnisse im August 1845 in Leipzig („Leipziger Gemetzel") der Roman „Schloss und Fabrik"; sie zeigt Charakter und formuliert insbesondere in den Bänden II und III Textpassagen, die die Zensur nicht durchgehen lassen kann. So erfährt sie massiv die Repressalien der Obrigkeit, lässt sich aber–um eine Veröffentlichung nicht zu gefährden–zu Korrekturen „überreden", so dass die beiden letzten Bände ein Jahr später erscheinen können. Trotz ihrer Vorliebe für die romantische Sprache ist ihre eindeutige politische und gesellschaftliche Positionierung in diesem Roman zu erkennen.

Aber auch sie ist Frau ihrer Zeit; sie rüttelt nicht am Status der Männer, nicht ihre Dominanz wird von ihr kritisiert, sondern die vom Zeitgeist und der Gesellschaft geforderte Submissivität und Passivität der Frauen. Schon als Kind ist Louise diese Geringschätzung und Reduzierung des Weiblichen aufgefallen; sie hat bereits begonnen, sich aus diesem Rollenklischee zu lösen.

Theodor bleibt im System der polarisierten Geschlechtercharaktere verhaftet. Er wünscht sich zwar –wie eine Generation früher Louises Vater–als aufgeklärter Bürger eine Verbesserung der Bildungssituation für Mädchen und Frauen, stellt aber deren Rolle in Familie und Gesellschaft nicht in Frage. Die Pädagogik seiner Töchter ist dementsprechend ausgerichtet.

Am 15. September 1846 heiratet der 29-jährige Advokat Theodor Storm im Festsaal des Segeberger Rathauses seine Constanze; beide wollen keine kirchliche Trauung, so dass eine Permission zur Hauscopulation ad acta. Gottorf 10. Aug. 1846 eingeholt werden muss. Da Standesämter erst 1871 eingeführt werden, bleibt es ihnen allerdings nicht erspart, dass ihre Heirat nebst Hinweis auf vaccinirt (geimpft) im Kirchenregister vermerkt wird.

Es wird keine große Feier, keine Flitterwochen; nach einem gemeinsamen Mittagessen geht es nach einem Stopp in Rendsburg zurück nach Husum. Dort wartet in der Neustadt 56 das neue Domizil der Frisch-vermählten; Vater Casimir hat den jungen Leuten ein repräsentatives Haus vermacht. Auch der schön angelegte Garten–ein Herzenswunsch Theodors–fehlt nicht und wartet auf seine gestaltende Hand. Hier ist gleichfalls die Kanzlei für den Advokaten untergebracht. Insgesamt ein heimeliges Nest für Constanze und Theodor!

Die Arbeit des Rechtsanwalts wird sehr zur Freude des Vaters in Fachkreisen geschätzt und honoriert. Als sich dann auch Nachwuchs ankündigt, scheint Theodor in der Tradition der Husumer Honoratioren und bei sich angekommen zu sein. Doch der Schein trügt!

Derweil wird die politische und wirtschaftliche Lage im Staatenbund immer dramatischer!

Die witterungsbedingte Missernten, die seit 1844 grassierende Kartoffelfäule, führen zu einer drasti-schen Verknappung und damit einhergehender Ver-teuerung von Nahrungs- und Lebensmitteln. Dazu kommt das Unvermögen der deutschen Staaten, die-ser krisenhaften Entwicklung mit geeigneten Strategien zu begegnen.

Durch das Bevölkerungswachstum der ersten Jahrhunderthälfte ist die Anzahl von Handwerkern rasant gestiegen; Berufe wie Schuhmacher oder Schneider waren überbesetzt, Gesellen hatten kaum noch Chancen auf den Meisterbrief.

Im Textilbereich kommen seit den 1830er Jahren die mechanischen Webstühle auf den Markt; die Handwerksbereiche, die mit der Industrie konkurrieren, geraten immer mehr unter Druck. Allein im Bereich Chemnitz/Zwickau existieren schon 135 Fabriken, in Dresden 60.

Die „freigesetzten" Handwerker und deren Familien ernähren sich von minderwertigem „Queckenbrot", stehlen die Saatkartoffeln von den Äckern. Es entsteht eine explosive Mischung aus hungernden Unterschichtmilieus und frustrierten liberal-nationalen und radikal-demokratischen Intellektuellen und Politikern.

Die Proteste beginnen im Frühjahr 1847; die Obrigkeit reagiert zunächst mit polizeilicher und militärischer Härte. Dann folgen überhastete und wenig durchdachte Hilfsmaßnahmen wie das Verbot des Brennens von Kartoffelschnaps, Ausfuhrverbot von Lebensmitteln u.ä. Zudem wird den Kommunen die Fürsorgepflicht für die Armen übertragen - allerdings mit geringem Erfolg, da diese nicht über ausreichende Mittel verfügen.

Die begüterten Schichten in den deutschen Staaten reagieren auf ihre Weise: Um ihre Produktionsanlagen vor Übergriffen zu schützen, versorgen sie die hungernde Bevölkerung mit Nahrungsmitteln.

Aber all diese Maßnahmen wie auch das königliche Amnestiedekret für diejenigen, die aufgrund der außerordentlichen Not sich eines Vergehens–sprich Mundraub-schuldig gemacht haben, bewirken keine Beruhigung der politischen Situation. Als im Februar 1848 in Frankreich Louis Philippe gestürzt wird, greifen massive Proteste auch auf den Deutschen Bund über.

Die Bewegung ist heterogen zusammengesetzt; einmal die sehr diffuse Schicht der „arbeitenden Klassen", die aber-gefördert durch das enge Zusammenleben in den engen Arbeiterquartieren-ein dauerhaftes soziales Milieu entwickeln und auch zu Gewaltaktionen bereit ist, die bäuerlichen Aufständischen, die sich vornehmlich gegen die drückenden Lasten, Verschuldung und allgemeine Not zur Wehr setzen. Dann der bürgerlich-intellektuelle Stand, der die „hehren" Ziele von Verfassung und vereintem Deutschland im Auge hat.

Jetzt kommt zum Tragen, dass im Vormärz viele Modernisierungen eingesetzt haben, deren Entwicklung zwar von den Regierungen künstlich abgebremst, aber nicht völlig zum Erliegen gebracht worden sind. Dank der neuen technischen Möglichkeiten, etwa des Eisenbahnnetzes und der vorzugsweise entlang der Bahnstrecken verlegten elektromagnetischen Telegraphenlinien, weiten sich Kommunikation und Mobilität schlagartig aus. Die politische Öffentlichkeit wächst dadurch nochmals sprunghaft an; damit beginnt, nicht zuletzt in Deutschland, das Zeitalter der Meinungsvielfalt. So kommt auch ein schon im Vormärz praktiziertes Kommunikationsmittel zum Einsatz: das Flugblatt. Die damit einhergehenden Volksversammlungen führen zu einer massiven Politisierung der Bevölkerung.

Es werden den Fürsten und Regierungen daher erstaunlich gleichlautende "Märzforderungen" unterbreitet, darunter Volksbewaffnung, Pressefreiheit, Schwurgerichte und ein deutsches Nationalparlament.

So auch am 7. März 1848 in Dresden:

„...Diese Wünsche sind:

1. Freiheit der Presse, Wegfall des Konzessionszwangs für Zeitschriften und Überweisung der Preßvergehen an die ordentlichen Gerichte.

2. Freiheit des religiösen Bekenntnisses und der kirchlichen Vereinigung.

3. Freiheit des Versammlungs- und Vereinsrechtes.

4. Gesetzliche Sicherstellung der Person gegen willkürliche Verhaftung, Haussuchung und Untersuchungshaft.

5. Verbesserung des Wahlgesetzes namentlich durch Herabsetzung des Zensus und Ausdehnung der Wählbarkeit auf das ganze Land.

6. Öffentlichkeit und Mündlichkeit der Rechtspflege mit Schwurgericht.

7. Vereidigung des Militärs auf die Verfassung.

8. Verminderung des stehenden Heeres, Umbildung des Militärwesens und der Bürgerbewaffnung. [...] Wir zweifeln nicht an dem landesväterlichen Sinne des allverehrten, allgeliebten Königs, wir geben uns seiner Huld und Weisheit mit Vertrauen hin, wir erwarten aber ebenso zuversichtlich von den Ratgebern der Krone, daß sie klare Einsicht und aufrichtigen Willen genug haben werden, jenen dringenden Forderungen der Neuzeit zu entsprechen, oder dafern dies mit ihren Überzeugungen nicht im Einklang stehen sollte, dies offen bekennen und durch freiwilligen Rücktritt von ihrem Amte das gesetzliche Zustandekommen zeitgemäßer Reformen ermöglichen und sich dadurch der Achtung und des Beifalls aller Parteien versichern werden.

Es lebe der König! Es lebe die Verfassung! Es lebe die Eintracht zwischen Regierung und Volk!"

Dresden– häufiger Aufenthaltsort der politisch engagierten Louise! Ist sie an der Formulierung dieser Petition beteiligt gewesen? Diese Forderungen zeigen eindeutig die Handschrift der Liberalen, die eine konstitutionelle Monarchie einfordern, während die Radikal-Demokraten eine Republik favorisieren.

Auf welchem „gerad aus"-Weg ist Louise zu finden? Forderungen zum Status der Frau sucht man in dieser Schrift vergeblich!

Im Blick zurück auf 1845 ist zunächst ein anderes Projekt von Bedeutung: Louise plant eine große Reise durch mehrere deutsche Länder.

Zwei Männer sind behilflich: Gustav Klemm, der Louise von ihren häufigen Besuchen in der Königlichen Hofbibliothek zu Dresden kennt und sie mit praktischen Tipps für die Reise versorgt. Der Zweite ist Ernst Viktor Keil, Publizist, Verleger und Begründer der Familienzeitschrift „Die Gartenlaube". Keil, bereits mit zweiundzwanzig Jahren Leiter des literarisch-politischen Feuilletons der Wochenzeitschrift „Unser Planet", später „Wandelstern", ist seit 1846 Herausgeber der Monatsschrift „Leuchtthurm", einem liberalen Blatt, in dem unter anderen auch Robert Blum publiziert. Besonderen verlegerischen Erfolg wird er aber mit der Illustrierten „Die Gartenlaube" erzielen; auch Louise und Theodor werden dort ihre Werke vorstellen.

Die Tour soll sie nach Jena, Weimar, Erfurt, Gotha, Reinhardsbrunn, Liebenstein, über die Wartburg nach Eisenach, dann nach Kassel, Minden, über die Weser zur Porta Westfalica, Hannover, Braunschweig, Magdeburg und Leipzig führen. Ihre Unternehmung erinnert an die klassische Bildungsreise des Jahrhunderts.

Ihre Reisekasse ist durch das Honorar ihres neuen Romans „Die Freunde" gut gefüllt; dennoch ist es für eine junge Frau in dieser Zeit ein gewagtes Unterfangen, eine solche Reise zu unternehmen, wenn man bedenkt, wie eingeschränkt und isoliert das Leben der Frauen zu dieser Zeit gewesen ist. In der Regel haben sie keine Arbeit und ihr Leben spielt sich überwiegend in den eigenen vier Wänden ab. So ist im Text eines Briefes des „Frauen- und Jungfrauenvereins Humania" aus Mainz an die „Frauen-Zeitung" davon die Rede, dass...„wir aufhören müssen, Frauenzimmer zu sein, um gänzlich Bürgerinnen und Vaterlandsfreundinnen zu werden..."

Hier wird der Begriff des Hofstaats der adligen Hausherrin benutzt, um die Forderung nach Loslösung von althergebrachten Zwängen deutlich zu machen.

Doch zunächst hat sie sich um die passende Reiseutensilien zu kümmern: einen ordentlichen Reiseführer gibt es noch nicht, sie muss sich mit alten Darstellungen Thüringens als Guide behelfen, denn es soll zu den Stätten der Dichterfürsten gehen und zur Wartburg, die bereits eine Rolle in ihrem Roman „Die Freunde" gespielt hat, ohne dass Louise sie je gesehen hat.

Wir erfahren einiges über ihre Vorbereitungen zur Reise: ein schwarz-seidenes Kleid nebst Wäsche kommt in eine Reisetasche, den größten Teil des Bargeldes näht sie ins Korsett, ein grau wollenes, gestreiftes Kleid dient als Reisegarderobe, dazu ein wollweißer Staubmantel und für die Nacht ein wattierter, mit blauer Seide gefütterter Mantel. Ein Strohhut mit blauem Band darf nicht fehlen.

Auf ihrer Fahrt wird sie Begegnungen erleben, die auch heute noch allein reisenden, jungen Frauen widerfahren können. Einmal wird ihr nicht abgenommen, dass sie ohne männliche Begleitung reist, ein anderes Mal wird ein Wegbegleiter anzüglich und zudringlich.

Aber in dieser Zeit lernt sie viele wichtige Verleger, Redakteure und politisch Gleichgesinnte kennen, die ihr die journalistische Arbeit ermöglichen und sie unterstützten.

Beispielhaft soll eine Persönlichkeit stehen, die schon 1844 ihre Aufmerksamkeit erregt hat: der ehemalige Priester Johannes Ronge. Ronge hat in den Sächsischen Blättern einen offenen Brief an den Trierer Bischof Arnoldi veröffentlicht, in dem er die Wallfahrt zum Christusgewand als Götzenfest tituliert hat.

Nach seiner Suspendierung gründet er die „romfreie", deutschkatholische Kirche.

Doch weniger seine theologische Überzeugung fasziniert Louise; es sind vor allem die Möglichkeiten, die Frauen innerhalb dieser Glaubensgemeinschaft offen stehen. Sie können sich am Gemeindeleben beteiligen und praktizieren frei und ohne Einmischungen zum Beispiel Konzepte der Pädagogik wie die Friedrich Fröbels.

Sie bleibt Anhängerin der Deutschkatholiken ohne aus der evangelischen Kirche auszutreten. Es ist wohl auch vornehmlich die Kritik an der traditionellen, römisch-katholischen Amtskirche, die Louise auf Distanz gehen lässt. Ein Beispiel ist ihr Gedicht
„Im Dom zu Breslau
...Da stehn die Heiligen aus lauterem Gold
Und die Madonna trägt ein Prachtgewand,
Aus vielen Bildern grüßt sie schön und hold,
Auf ihrem Arm der Welterlösung Pfand.

Ein Murmeln durch die hohen Räume klang,
Es war ein Flehen von zerlumpten Frauen,
Die blöd gefolgt des Elends dumpfem Drang,
Durch lautes Beten hier sich zu erbauen.
Es war ihr Antlitz bleich und abgezehrt,
Drauf las man viel von bittrer Pein und Not,
Und jenes Flehn, das ihnen nicht erhört,

Die heiße Bitte: -"Gieb uns unser Brot!"

Ihr Armen, die Madonna hilft Euch nicht,

Kein Herz schlägt unterm Sammet und Brocat-

Und schaut Ihr zu der ew`gen Lampe Licht-

Ach, auch von dorther keine Rettung naht.

Umsonst blickt Ihr zu dieser heil`gen Schar,

Habt ihr Verehrung brünstiglich gezollt,

Umsonst zu diesem prunkenden Altar

Umsonst – wenn Ihr nicht selbst Euch helfen wollt!..."

Die geistige Freiheit und eine durch soziale Reformen geprägte menschliche Gemeinschaft sind die Merkmale, die Louise von der Rongeschen Bewegung überzeugen.

Durch die Kontakte, die sie auf ihrer Reise knüpfen kann, hört sie auch wieder von August Peters, der ihr schon 1844 durch einen kleinen Gedichtband aufgefallen ist. Peters wird durch das Auftreten Louises in den verschiedenen Presseorganen den Kontakt zu ihr suchen und beide werden sich 1948 in Meißen treffen. Es kommt zu einer außergewöhnlichen Beziehung.

Als die revolutionäre Bewegung ihrem Höhepunkt entgegen geht, ist Louise bei ihrer Schwester in Oederan; natürlich hat sie aus den Zeitungen erfahren, was sich im deutschen Staatenbund abspielt. Sie will sich, bevor es auf den Heimweg nach Meißen geht, an einem der Brennpunkte der Revolte ein Bild vor Ort machen und fährt zunächst nach Dresden. Aufgewühlt und euphorisiert schreibt sie am 21. April in ihr Tagebuch: „Gestern bin ich hier angekommen! Indeß ist eine Welt aus den Fugen gegangen und es ist eine große Zeit, in der wir leben–ich jubele mit dieser Zeit...".

Um den radikal-demokratischen Forderungen zumindest ansatzweise den Wind aus den Segeln zu nehmen, beauftragt das liberale Kabinett unter Karl Braun den Innenminister Martin Oberländer, Lösungen zur brisanten Frage der Arbeiter und der allgemeinen sozialen Situation zu suchen.

Als Louise von diesem Vorhaben erfährt, richtet sie am 20. Mai 1848 über die „Leipziger Arbeiter-Zeitung" ihre „Adresse eines Mädchens an den hochverehrten Minister Oberländer, an die von ihm berufene   Arbeiterkommission und an alle Arbeiter".

Hier formuliert sie „wenn Sie sich mir der großen Aufgabe unserer Zeit, mit der Organisation der Arbeit beschäftigen, so wollen Sie nicht vergessen...,daß Sie dieselbe auch für die Frauen organisieren müssen...".

Ein Ministerium, das sich der Arbeiterfrage annimmt und die Missstände der Arbeitsbedingungen endlich beseitigt, ist übrigens auch in der Nationalversammlung in der Frankfurter Paulskirche im März 1848 gefordert worden.

Louises Appell wird von ministerieller Seite wohlwollend zur Kenntnis genommen; Oberländer und der Finanzminister Robert Georgi bitten sie zu einem persönlichen Gespräch. Sie soll Vorschläge zur Arbeitsorganisation von Frauen unterbreiten.

Louises Forderungen stoßen allerdings auch auf ein geteiltes Echo. Einige Arbeiter-und Handwerkerorganisationen befürworten ein Verbot oder zumindest eine Einschränkung der Frauenlohnarbeit. Dennoch wird der Hinweis, „die Sache der Arbeiterinnen zu vertreten", auf dem Arbeiterkongress in Ber-

lin Bestandteil des Statuts der „Allgemeinen Arbei-
terverbrüderung".

Louise ist mitten im Geschehen, sie macht sich stark
für die Gründung von Vereinen, die für eine Verbesserung der Beschäftigungssituation der Frauen stehen, ist in den Planungen für die von ihr so gewünschten „Frauen-Zeitung" und trifft August Peters in Meißen!

1846 in Husum herrscht im Haus des Advokaten
Theodor Storm gedrückte bis gereizte Stimmung. Einerseits läuft die Kanzlei gut und hat einen achtba-
ren Ruf. Die Publikation der „Sagen, Märchen und
Lieder der Herzogthümer Schleswig, Holstein und
Lauenburg" ist trotz beträchtlicher Rivalitäten und
Querelen zwischen Storm, Mommsen und dem seit
1843 mit agierenden Germanisten Karl Müllenhoff in
der Schwers`schen Buchhandlung erschienen. Der
Ruf Theodors als angesehener Schriftsteller festigt
sich.

Doch andererseits-im privaten Bereich rumort es!

Es ist die Begegnung mit Dorothea Jensen, die er von
früher bereits kennt, eine Freundin seiner Schwester

Cäcilie. Sie ist Sopranistin in seinem Chor, mit ihrem Vater spielt er Karten. Schon bei den ersten Begegnungen vor Jahren ist Theodor davon überzeugt, dass Dorothea in ihn verliebt ist. Diesmal ist es keine Selbsttäuschung, diesmal wird er recht behalten; es kommt zu einer Affäre, die die drei Beteiligten heftig erschüttert. Theodor meint, in Dorothea die leidenschaftliche Liebe gefunden zu haben, die er bei seiner Frau Constanze wohl vermisst.

Wie heftig ihn das Verlangen ergriffen hat, macht die Strophe eines Gedichtes jener Zeit deutlich:

„...Es schlang uns ein in wilde Fluten,
Es riß uns in den jähen Schlund;
Zerschmettert fast und im Verbluten
Lag endlich trunken Mund auf Mund..."

Dieses Gedicht wurde allerdings später und nicht von Theodor veröffentlicht.
Auch die wenigen Zeilen, die wohl um 1847/48 entstanden sind,
„Noch einmal fällt in meinen Schoß
Die rote Rose Leidenschaft;

Noch einmal hab ich schwärmerisch
In Mädchenaugen mich vergafft;
Noch einmal legt ein junges Herz
An meines seinen starken Schlag;
Noch einmal weht an meine Stirn
Ein juniheißer Sommertag."

zeigen, welchen Stellenwert die Sexualität in Theodors Leben einnimmt; die „rote Rose" Leidenschaft wird ihn bis in die späten Jahre begleiten.

Nicht nur Constanze, sondern auch das übersichtliche Städtchen Husum weiß allmählich von der Liaison; einige Zeit geht diese Dreierbeziehung „gut". Doch dann verlässt Dorothea die Stadt. Wer diese mènage à trois schließlich beendet hat, ist nicht klar. Es wird gemunkelt, dass Constanze möglicherweise dieses ungewöhnliche Verhältnis hat tolerieren wollen. Es steht jedoch fest, dass es nicht Theodor war, der diesen Schritt gefordert hat. Es ist wohl Dorothea selbst gewesen, die-mit Rücksicht auf beide Familien und um der Gerüchteküche Husums nicht noch weiteren Vorschub zu leisten-diese delikate Situation beendet hat.

Und Theodor?

Ein weiteres Mal ist er in Liebesdingen gescheitert; seinem engen und vielleicht einzigen echten Freund Brinkmann gesteht er, dass ein „Verhältniß der erschütterndsten Leidenschaft zwischen uns entstand, das...viel Leid um sich verbreitete, Constanze und uns". Und „In meiner jungen Ehe fehlte Eins, die Leidenschaft".

Wieder ist es der „zerrissene" Theodor, der von sich aus die prekäre Situation nicht meistern kann; Dorothea hilft ihm aus der Patsche.

Vielleicht ist dieser Ehebruch für ihn der Anstoß, sich endlich der Ehe mit Constanze zuzuwenden, die im Januar 1848 ihr erstes Kind Hans zur Welt bringen wird. Denn neben der Libido ist ihm die Familie, der häusliche Herd mindestens genauso wichtig. So fügt er sich in eine weniger leidenschaftliche Beziehung und bleibt der treue Ehemann, auch wenn in seiner Lyrik immer wieder die treubrüchige Sinnlichkeit zu lesen ist. Zudem trägt er Verantwortung für seinen Sohn Hans und das ist ihm wichtig.

Die Empörungen des Jahres 1848 machen auch nicht vor den Herzogtümern und Husum Halt.

Das Land um Husum-vorwiegend kleingewerblich und landwirtschaftlich geprägt-ändert sich grundlegend.

Durch das Ende der Leibeigenschaft im Jahre 1805 wandelt sich die Landwirtschaft seit Beginn des 19. Jahrhunderts mehr und mehr. Um die Erträge zu steigern, kommt es zur Intensivierung der Feldwirtschaft. Allerdings führt dies zum Preisverfall und zu einer massiven Agrarkrise. Bedingt durch die vielen Pleiten und Konkurse der Bauern beginnen reiche Grundbesitzer das freiwerdende Land zu kaufen und Arbeitskräfte anzuwerben, um es dann zu bewirtschaften. Aus heimeligen kleinen Höfen werden so nach und nach richtige Unternehmen, die nun klar marktwirtschaftlich ausgerichtet sind.

Zudem entwickelt sich in der zweiten Hälfte des 19. Jahrhunderts der Viehhandel mehr und mehr zur wirtschaftlichen Basis Husums. Auf dem Gelände nördlich des Schlossgartens werden große Viehmärkte abgehalten. Die Straße Neustadt besteht fast ausschließlich aus Gasthäusern mit rückwärtigen Stallanlagen. Um den steigenden Anforderungen, die sich aus dieser wirtschaftlichen Erholung ergeben haben, zu genügen, hat es Planungen zum Ausbau des Hafens gegeben, die dann aber wegen der Beteiligung Husums an der Erhebung gegen Dänemark wieder aufgegeben worden sind. Nach dem Anschluss an das Eisenbahnnetz wird Husum endgültig zu einem Zentrum des norddeutschen Viehhandels.

Soweit verknappt die wirtschaftliche Situation der nordfriesischen Landschaft ab 1846; auch die politische Lage ist im Umbruch.

Hat es schon 1844 Bestrebungen aus der Bevölkerung gegeben, sich vom dänischen Gesamtstaat zu trennen, so führt der „Offene Brief" des dänischen Königs Christian VIII vom 8. Juli 1846 zu heftigen Kontroversen auch in den politisch ambitionierten Kreisen. Der Brief ist eine Ankündigung die in Dänemark mögliche weibliche Erbfolge auch in den Herzogtümern einführen zu wollen. Hintergrund ist die Kinderlosigkeit seines Sohnes und die Sorge um ein Auseinanderfallen des dänischen Reiches, denn die bisher gültige Erbfolgeregelung würde die Loslösung der Herzogtümer von Dänemark bedeuten.

Nun überschlagen sich die Ereignisse:

Nach Veröffentlichung des „Briefes" tritt der Statthalter und kommandierende General in den Herzogtümern, Prinz Friedrich von Noer, aus Protest zurück; in Neumünster wird am 20.7. in einer Volksversammlung protestiert. In der Ständeversammlung von Holstein in Itzehoe sowie bei den deutschen Abgeordneten der schleswigschen Ständeversammlung in Schleswig erhebt sich ein Sturm der Entrüstung.

Während in anderen Teilen des Staatenbundes es zu blutigen Revolten kommt, läuft die „Revolution" in Husum relativ harmlos ab: der Kaufmann Petersen kauft alle verfügbare Butter auf dem Markt auf. Dementsprechend knapp und teuer wird sie. Deicharbeiter greifen daraufhin wütend sein Geschäftshaus an, wobei auch Nachbarhäuser beschädigt werden. Eine Bürgerwehr setzt die Aufmüpfigen fest; es wird anschließend ein Strafgericht über sie gehalten. Diese Randale teils betrunkener Deichbauarbeiter ist sicher kein politisch motiviertes Aufbegehren!

Anders in Louises Heimat: So stürmt das neu ent-
standene Proletariat–in Sachsen gibt es im Frühjahr
1848 bereits 60 000 Arbeitslose–das Schloss Walden-
burg nordöstlich von Zwickau, plündert und brennt
es nieder.

Zahlreiche Kunstgüter, die Bibliothek sowie das Archiv werden ein Raub der Flammen. Dazu muss an-
gemerkt werden, dass im März der Sozialrevolutio-
när Robert Blum auf dem Zwickauer Kornmarkt eine
„Brandrede" gehalten hat, die insbesondere diese
Schicht angesprochen und damit zu deren radikaler
Agitation geführt hat.

In Husum politisieren sich vornehmlich die Intellektuellen. Deren Kritik bezieht sich–anders als in anderen Bundesstaaten–auf das regional begrenzte Problem der Vereinigungsbestrebungen Dänemarks bezüglich des Herzogtums Schleswig. Die gesamtstaat-
liche Verfassung, die Friedrich VII im Januar 1848
verkündet, nimmt aufgrund ihres liberalen Duktus
der Protestbewegung zunächst die Spitze; doch mit
dem Aufflammen der europaweiten Erhebungen
und der Machtübernahme der Eider-Dänen nach der

Kopenhagener Revolution eskaliert die Situation.

Der dänische König billigt auf Druck der Eider-Dänen die Einverleibung Schleswigs; die Folge war die Einsetzung einer Provisorischen Regierung der Herzogtümer in Kiel, die vom 24. März bis 22.Oktober 1848 die Exekutive bildet. Fast zeitgleich kommt es in Bau und Ostern `48 bei Schleswig zu ersten militärischen Konfrontationen, die nur durch das Eingreifen Preußens zuungunsten des dänischen Reiches ausgeht.

In diesen problematischen Verhältnissen meldet sich auch die literarische Elite in Schleswig-Holstein; es ist Theodor Mommsen, der–1847 nach einem Italienaufenthalt wieder in der Heimat zunächst als Lehrer arbeitend –Redakteur des Presseorgans der Provisorischen Regierung die „Schleswig-Holsteinische Zeitung" in Rendsburg wird. Und natürlich erinnert er sich an die alten Mitstreiter aus der Kieler Clique und will sie zur Mitarbeit an der Zeitung bewegen.

Theodor ist erfreut, endlich wieder von Mommsen etwas zu hören und lädt ihn mit einem Brief wohl vom September 1847 zu einem Besuch ein.

Einige reagieren zurückhaltend auf Mommsens Offerte, andere wie Theodor oder der Verleger Biernatzki stellen sich zur Verfügung.

Theodor wird einige Beiträge liefern, aber sein Redakteur merkt schnell, dass ihm das „Politische" nicht so schnell aus der Feder fließt. Als er ihm Ostern 1848 sein Gedicht „Ostern" zur Veröffentlichung zuschickt, kommt am 3. Mai die Antwort aus Rendsburg: „Ihr Gedicht habe ich zurückgelegt; es ist recht gut, aber es taugt nicht für ein politisches Blatt..." Wie „halbherzig" Theodor an diesen Beitrag herangegangen ist, zeigt die Tatsache, dass er dieses Gedicht bereits 1846 auszugsweise an Constanze geschickt hat. Er räumt ein, „ein politisches Gedicht wollte ich machen, dass mit dem Frühling beginnen sollte, aber ich konnte über diesen nicht hinaus..." Und so bleibt es größtenteils Naturlyrik, die er in den Schlusszeilen der sechsten und achten Strophe ein wenig fremd wirkend zu politisieren sucht: „Und wanke nicht, du feste Heimaterde" und „Das Land ist unser, unser soll es bleiben!".

Dass dies dem mitten in der turbulenten Wirklichkeit stehenden Mommsen nicht pointiert genug ist, liegt nahe.

Theodor überlässt das Gedicht dem alten Bekannten Karl Biernatzki, der es im „Volksbuch auf das Jahr 1849" unter dem Titel „An der Westküste. 1. Auf dem Deich. Ostern 1848" publiziert.

Doch er kann auch anders; neben seinen Kommentaren für die „Schleswig-Holstein Zeitung" zu den Entwicklungen der Zeit in Husum politisiert sich dezent, aber erkennbar die Lyrik in einigen seiner Werke. Gedichte wie „Oktoberlied", „1. Januar 1851" oder „Wir können auch Trompete blasen" tragen eindeutig diesen Akzent; bemerkenswerterweise erscheinen sie - wie der „1. Januar 1851" - vielfach zeitversetzt. Theodor geht also recht vorsichtig mit seinen politischen Anschauungen um. Wie schon beim Sängerfest in Bredstedt ist er eher in Sorge um die deutsche Sprache; ihn kümmern vornehmlich die Ungerechtigkeiten vor der Haustür in seiner Heimatstadt. Den Blick auf das „große Ganze", die revolutionären Bewegungen in Europa, hat er nicht.

Wie anders als die lyrische ist seine journalistische Sprache in den Zeitungskommentaren!

Er beginnt einen Artikel für die Schleswig-Holsteinische Zeitung vom 13. September 1848 mit der Head-Line: „Husum steht im Verdachte des Republikanismus, der Wühlerei wohl gar und Anarchie!" Er reagiert damit auf einen Bericht des dänischen „Altonaer Mercur", der einen harmlosen Vorfall beschreibt: Ein Husumer Klempner hat rote Kokarden angefertigt und an einige Soldaten verkauft. Die Kokarden werden vom Hauptmann als „Symbolum der bösen Freiheit" gesehen, und die Polizei hat daraufhin den Verkauf der Abzeichen verboten. "Das ist die Geschichte der Husumer Republik!" ist der ironische Kommentar Theodors. Diese Episode erinnert an den oben erwähnten „Butterkrieg" in Husum. Sie zeigt eine wenig bekannte Seite Theodors: auch er beherrscht die Kunst der Satire!

Als sein Namenskollege Anfang Juli wegen seiner Kritik an der Vereinigung der schleswigschen und holsteinischen Ständeversammlungen, der wachsenden Gegnerschaft der mehrheitlich konservativen

Regierung als Schriftleiter der Schleswig-Holstein-Zeitung zurücktritt, beendet auch Theodor bis auf wenige Ausnahmen sein Engagement bei dem Blatt.

Mommsen erhält im Herbst 1848 eine Berufung an die juristische Fakultät der Universität Leipzig, tritt in liberalem Geist weiterhin für Einheit und Freiheit ein.

Er bleibt streitbarer Professor, wird wegen seiner Gesinnung 1851 aus der Lehre entlassen und entgeht einer Haftstrafe in zweiter Instanz.

Später nähert sich der Liberale sozialdemokratischen Ideen an und formuliert: „Jedermann in Deutschland weiß, daß mit einem Kopf wie Bebel ein Dutzend ostelbischer Junker so ausgestattet werden könnte, daß sie unter ihresgleichen glänzen würden".

Theodor bleibt also wieder nur die Brieffreundschaft; nun wendet er sich mehr und mehr der Novelle zu. Der gesellschaftlich-politische Aspekt bleibt in seinen Arbeiten aber weiterhin erhalten. Es entstehen „Martha und die Uhr", die erste Fassung von „Immensee" sowie „Im Saal".

In letztgenannter Erzählung schildert eine Großmutter ihrem Enkel die Geschichte ihrer Hochzeit: "Es war damals freilich noch eine stille, bescheidene Zeit ...jeder trug den Rock nach seinem Stande. Jetzt tragt ihr sogar Schnurrbärte wie Junker und Kavaliere. Was wollt ihr denn? Wollt ihr alle mitregieren?"

Theodor lässt den Enkel selbstbewusst antworten:

„Ja, Großmutter". Auf Großmutters Frage, was denn aus dem Adel und den hohen Herrschaften werden soll, erwidert er entschlossen: "Streichen, Großmutter; oder wir werden alle Freiherrn, ganz Deutschland mit Mann und Maus...".

Hier transportiert Theodor seine unverhohlene Kritik gegenüber dem Adel über die Kunstform der Novelle; diese Gesellschaftsschicht ist ihm–wie später das preußische Junkertum–zutiefst zuwider. Er wird von „feudaler Canaille" und ihrem „Gift in den Adern der Nation" sprechen.

Seine Prosa und Lyrik sind in dieser Zeit von einer pathetischen Leidenschaft geprägt, die fast religiösen Überzeugungscharakter besitzt. Doch gerade in der

oben genannten Novelle wird nicht der „politische"
Storm, sondern der „Bürger" Storm sichtbar, der die
Privilegien des Adels abschaffen und dem Bürgertum als rechtmäßig, demokratischen Stand zu seinem Recht verhelfen will. Doch wohl eher der gesellschaftskritische als der politische agitierende Storm!

Eine Affinität zur Kirche und ihren Institutionen hat
er seit früher Jugend nie gehabt. In einem späteren
Brief schreibt er, „erzogen wurde wenig an mir; aber
die Luft des Hauses war gesund; von Religion oder
Christentum habe ich nie reden hören; ein einzelnes
Mal gingen meine Mutter oder Großmutter wohl zur
Kirche, oft war es nicht; mein Vater ging gar
nicht...ich habe durchaus keinen Glauben aus der
Kindheit her..."

Vielleicht hat er auch gewisse Stationen seines Le-
bensweges in der Rückschau unbewusst ausgeklam-
mert; schließlich ist er getauft und konfirmiert worden, hat am Religionsunterricht teilgenommen. Dennoch ist sein „Glaubensbekenntnis" in der Auseinan
dersetzung mit dem orthodoxen, christlichen Glauben durch die Liebe zwischen Mann und Frau be-

stimmt. So schreibt er im August 1846 seiner künftigen Frau Constanze im Hinblick auf ihre anstehende Hochzeit, dass er ihrem Vater mitteilen wird, „daß für uns beide dieser Act (die kirchliche Trauung) eine reine Unannehmlichkeit ist, ein Opfer dem Staate, nicht allein bedeutungslos, weil er unserem Verhältnisse nichts hinzu bringt, sondern unserem Gefühl zuwider, weil er eine Schaustellung des Innerlichen ist, eine Profanation der Liebe, ein letzter Barbarismus der modernen Zeit". Er sieht in der Trauzeremonie ein Verstoß gegen das Wesen der Liebe. Trotzdem müssen sie sich eine Erlaubnis zur „Hauscopulation" einholen. Vorausschauend lehnt er für sich und Constanze ein kirchliches Begräbnis ab.

Diese beiden grundsätzlichen Einstellungen Theodors sind untrennbar mit seiner Biografie verbunden.

Die politische Situation läuft zunehmend auf eine kriegerische Auseinandersetzung zwischen dem Königreich Dänemark und den Herzogtümern hinaus.

Im Mai 1849 unterschreibt Theodor eine Petition Husumer Bürger, in der der Dänenkönig Friedrich VII beschuldigt wird, einen nicht gerechtfertigten Krieg gegen die Herzogtümer geführt zu haben; die Personalunion–König von Dänemark und Herzog von Schleswig und Holstein–müsse aufgehoben werden.

Die Obrigkeit wird sich an sein Verhalten erinnern.

Als am 25. Juli 1850 die Schlacht bei Idstedt zugunsten der Dänen ausgeht, herrscht nicht nur ein Besatzungsregime, sondern es etabliert sich eine neue dänische Landesverwaltung. Dies hat auch für Theodor Folgen; als deutschsprachige Beamte und Pastoren entlassen und durch Dänen freundliche Mitarbeiter ersetzt werden, schließt er aus Protest seine Kanzlei. Vor seiner Haustür macht sich der Pöbel breit; wer den „Danebrog" nicht grüßt, wird schon einmal zusammengeschlagen. Um die „kleinen Leute" vor der dänischen Willkür zu schützen, öffnet er Anfang 1851 sein Anwaltsbüro wieder. Doch die dänische Verwaltung hält eine weitere Schikane bereit; alle selbständigen Anwälte sollen hinsichtlich der ihnen gewährten Patente und Privilegien überprüft werden. Casimir und Theodor Storm reichen ihre Gesuche um Bestätigung ihrer Rechte im Juni 1851 bei den Behörden ein und bekommen erst im November 1852 Bescheid; Vater Casimir erhält die gewünschte Genehmigung, Theodor jedoch nicht.

Die damalige Protestnote gegen den dänischen König ist nicht vergessen worden. Am 22.11.1852 wird seine Zulassung als Anwalt für ungültig erklärt. Theodor–mittlerweile Vater zweier Söhne–ist arbeitslos, aber nicht mehr der verzagte, haltlose Mann der früheren Jahre. Vielleicht ist es auch die Veröffentlichung von „Immensee" in „Sommergeschichte und Lieder", die ihm als Schriftsteller überregionale Beachtung einbringt und die ihn stark macht; vielleicht auch die Begegnung mit seinem Berliner Verleger Alexander Duncker, der über ausgezeichnete Beziehungen verfügt und von dem er sich Unterstützung erhofft.

Doch auch als Rechtsanwalt sind ihm nicht alle Türen verschlossen; er kann–wie schon geschehen–in der Kanzlei seines Vaters arbeiten. Mithilfe der guten Beziehungen seines Vaters zur dänischen Verwaltung könnte er–einige „Kröten" schluckend–seine Zulassung wieder erhalten. Doch da ist Theodor der so genannte sture Friese; am 4. Dezember 1852 schreibt er seinem Schwiegervater „…Wie Du mich kennst, denke ich natürlich nicht daran, in Kopenhagen auch nur den kleinsten Schritt zu tun; es würde auch zu nichts als zu einer noch dazu unnützen persönlichen Erniedrigung führen…".

Er wählt den Weg ins Exil.

Zunächst bewirbt er sich erfolglos um eine Bürgermeisterstelle in Buxtehude. Mitte Dezember fährt er nach Berlin; vorab hat er sich beim Herzog von Sachsen-Gotha und Coburg um eine Stelle im „Justizbeamtenfach" beworben. Dem Bewerbungsschreiben fügt er ein wenig blauäugig sein „Immensee" sowie einige Gedichte bei. Sicher auch für die damalige Zeit ein etwas ungewöhnlicher Vorgang!

Zuversichtlich schreibt er: „So viele Schiffe habe ich in See!"

Seine Haltung–noch geprägt vom revolutionären Zeitgeist–wird deutlich in einem später veröffentlichten Gedicht:

„1. Januar 1851

Sie halten Siegesfest, sie ziehn die Stadt entlang;

Sie meinen, Schleswig-Holstein zu begraben.

Brich nicht, mein Herz! Noch sollst du Freude haben;

Wir haben Kinder noch, wir haben Knaben,

Und auch wir selber leben, Gott sei Dank!"

Hintergrund für dieses Gedicht ist das politische Ergebnis nach den militärischen Auseinandersetzungen mit dem Königreich Dänemark; Preußen hat sich mit Österreich arrangiert. Die Folge ist die Unterwerfung der Landesversammlung sowie der Statthalterschaft vom 1. Februar 1851. Schleswig-Holstein ist wieder Bestandteil des Gesamtstaates Dänemark. Preußen und Österreich protokollieren am 8. Mai 1852 die Integrität Dänemarks.

Die schleswig-holsteinische Sache ist dem europäischen Frieden geopfert worden.

In diesem Kontext passt das später verfasste Gedicht, das Theodor wie für sich selbst geschrieben hat:

„Welt-Lauf

Wer der Gewalt genüber steht
In Sorgen für der Liebsten Leben,

Der wird zuletzt von seinem Ich

Ein Teil und noch ein Teilchen geben.

Und dürstet er nach reinster Luft,

Er wird zuletzt ein halber Schuft."

Dennoch erstaunt es, dass Theodor, der zutiefst heimatverbunden ist, seine vertraute Umgebung nebst seiner Familie, Frau und Kinder allein in der Ungewissheit auf seine berufliche Zukunft zunächst zurück lässt.

Und so trifft das Heine-Zitat von 1840 aus der Denkschrift für Ludwig Börne auch für Theodors Lebenserfahrung zu:

„Eine Revolution ist ein Unglück, aber ein noch größeres Unglück ist eine verunglückte Revolution."

Louise treibt in dieser Zeit die Idee von einer eigens für Frauen geschriebenen Publikation um; vielleicht ist ihr in diesem Zusammenhang Johann Christoph Gottsched ein Begriff gewesen, der bereits 1725 zusammen mit seiner Frau Louise eine Zeitschrift für

Frauen nach dem Muster der englischen „Moral Weeklies" herausgegeben hat. „Die vernünftigen Tandlerinnen"-so der Name der Zeitschrift-ist allerdings ein Blatt ganz im Geiste des 18. Jahrhunderts und natürlich von Männern geschrieben. Doch nach und nach übernehmen Frauen auch die inhaltliche Gestaltung der Gazetten. Die wohl bekannteste Zeitschrift des ausgehenden 18. Jahrhunderts ist „Pomona für Teutschlands Töchter" gewesen, herausgegeben von Sophie LaRoche. Die Schriftstellerin bedient mit ihren Beiträgen die Frauen des aufgeklärten Bürgertums; es geht um Bildung, Erziehung und Gesundheit. Politik und Gesellschaft spielen nur am Rande eine Rolle. Louise merkt, dass sich Frauen durch die „politische" Poesie, die sie zum Beispiel mit den „Klöpplerinnen" praktiziert hat, angesprochen fühlen. Was jetzt noch fehlt, ist der Schwenk in die nüchterne Wirklichkeit des Frauenlebens. Ernst Keil und insbesondere Robert Blum bestärken sie, für politische Themen statt der Lyrik sich der Prosa zu bedienen; sie schreibt politische Aufsätze und gesellschaftliche Essays für die verschiedensten Zeitungen. Obwohl sie gerade für Keil unter einem Pseudonym schreiben muss, stellt sie fest, dass ihre Beiträge ernst genommen werden.

Das ist Louises Moment!

Eine Zeitung ist das richtige Medium. Sie will ein Blatt für Frauen von Frauen mit ihr als Herausgeberin. Frauen sollen in dieser Schrift ihre Anliegen ohne männliche Korrektur vortragen dürfen. Ihr Ziel ist die Befreiung aus der Unmündigkeit und Bevormundung; die Zeitung soll Hilfe zur Selbsthilfe, für die Stärkung des Selbstbewusstseins und der Selbstbehauptung sein.

Dass sie mit diesem Ansinnen nicht alleine steht, machen einige Fraueninitiativen auch in anderen Bundesländern deutlich–und sie erhält männliche Unterstützung!

Es ist August Peters, der Arbeitersohn und Selfmademan, den sie bisher nur aus ihrer Korrespondenz kennt. Nach Monaten der Bemühungen um die Realisierung dieses Projekts stellt er die Verbindung zu dem Verleger Theodor Haffner in Großenhain her. Peters und sie treffen sich am 31. Januar 1849 bei der Schwester in Oederan, und es sollte eine schicksalhafte Begegnung werden. Denn sie werden nicht nur politisch und journalistisch zusammenarbeiten, sondern sich auch emotional nahekommen; so schreibt Louise in ihrem leicht überschwänglichen Stil „...und das Glücklichste war, daß mich am 31. Januar August Peters besuchte...Es waren schöne Stunden, wo Geist u. Gemüth sich ebenso zusammenfanden, wie brieflich vorher... nun darf ich seiner innigen Freundschaft gewiß sein...".

Mag die frühere Beziehung zu Gustav Müller eher der schwärmerische Natur einer jungen Frau entsprochen haben, so begegnet uns jetzt eine gereifte Frau, die weiß, was sie will. Dennoch ist in dieser Beziehung nicht alles eitel Sonnenschein; sie erfährt von einer Affäre, die August mit einer sehr viel jüngeren Frau hat. Dies ist für sie besonders schmerzhaft, weil sie immer mit ihrem wenig attraktiven Äußeren gehadert hat. Louise wird später zu Mitteln greifen, die bei ihr, die doch mehr auf ihren Intellekt und ihre Schreibkunst setzt, nicht zu vermuten sind: um August zu gefallen, schickt sie ihm eine Daguerreotype, die sie vorteilhafter aussehen lässt und Schwächen verdeckt. Wie sehr sie doch unter ihrem Erscheinungsbild und dem damit einhergehenden Selbstzweifel bezüglich ihrer Körperlichkeit gelitten hat, zeigt die besorgte Äußerung, mit dieser Abbildung hoffentlich nicht „die Normen des Weiblichen" überschritten zu haben.

Im Rückblick ist festzuhalten, dass ihre Beziehungen zu Männern unter keinem guten Stern gestanden haben!

Später erwähnt Louise in einem Brief an die Schriftstellerkollegin Kathinka Zitz, dass August sie nach dem Fehltritt aufgesucht habe, „um sich mir mit der alten Liebe zu Füßen zu werfen... und mich anzuflehen, so bald als möglich ganz die Seine zu werden". Die Ehe wird nicht von langer Dauer sein.

Für die Frauen-Zeitung wird es einen Start inmitten revolutionärer Bewegungen und beginnender Reaktion geben. Die Erschießung Robert Blums am 9. November 1848 in Wien, die Ablehnung der Verfassung der Frankfurter Nationalversammlung und der Kaiserkrone durch den preußischen König sowie die

Androhung von militärischer Gewalt gegen die Revolutionäre in Sachsen durch König Friedrich August II. sorgen schließlich für das Auslösen des Aufstandes. Am 3. Mai 1849 ist es soweit! Auch August Peters will sich beteiligen, kommt zu spät und muss nach Süddeutschland fliehen. Der Aufruhr wird mit brutaler Gewalt niedergeschlagen; Hunderte Tote, Verletzte sind zu beklagen und namhafte Persönlichkeiten, darunter Gottfried Semper, Richard Wagner und der Musikdirektor August Röckel, müssen fliehen. August verschlägt es nach Baden, wo er neben anderen als Rädelsführer der dortigen Unruhen verhaftet und zum Tode verurteilt wird. Nur aufgrund einer Krankheit wird das Urteil auf sechs Jahre Einzelhaft reduziert.

An einem Samstag, den 21. April 1849, erscheint die erste Ausgabe der Frauen-Zeitung in Meißen, redigiert von Louise Otto. Auf der Titelseite erscheint neben dem Motto „Dem Reich der Freiheit werb` ich Bürgerinnen!" der Hinweis auf die wöchentliche Herausgabe sowie des vierteljährlichen Abonnements zu fünfzehn Neugroschen.

Auch in anderen Städten beginnen Frauen mit der Herausgabe von Zeitungen; in Berlin erscheint „Der Freischärler" von Louise Aston, die „Soziale Reform" von Louise Dittmer in Leipzig und die gleichnamige „Frauen-Zeitung" von Mathilda Franziska Anneke in Köln. Einzig Louises Blatt kann sich über Jahre behaupten.

Der Tenor der ersten Ausgaben ist noch ganz vom vormärzlichen Geist Louises geprägt. Gleich in der ersten Ausgabe steuert sie ein Gedicht bei:

„Vereinigung! ein heilig Wort!
Die Losung ist`s der neuen Zeit.
Es ist der Freiheit Fels und Hort;
drum hallt es durch die Lande weit.

Vereinigung! Ob Nord, ob Süd
Vom deutschen Lande uns gebar,
Wo schwarz-rot-gold die Fahne glüht,
Und wo uns winkt der deutsche Aar!
Vereinigung! Ob arm, ob reich
Wir drücken uns die deutsche Hand!
Die Freiheit macht uns alle gleich,

die Gleichheit ist der Freiheit Pfand!

Vereinigung! Ob Weib, ob Mann
Wir streben all` nach einem Glück,
Die Freiheit nimmt sich aller an,
Weist keinen Sterblichen zurück!"

Hier schreibt sie mit gewohnt lyrischem Pathos, dann folgt eine nüchterne Buchbesprechung, ferner ein Kurznachrichtenblock über meist politische Ereignisse in Nah und Fern. Auch eine Leserbrief-Abteilung fehlt nicht. Ein durchaus modernes Format!

Wie radikal Frauen in dieser Zeit in die Öffentlichkeit gegangen sind, zeigt der Abdruck „Erklärungen deutscher Frauen aus Nord und Süd" in der sechsten Ausgabe von 1849; da wird unter „Zuruf württembergischer Frauen und Jungfrauen an unsere deutschen Krieger" dazu aufgefordert, sich den Männern, die als „Fürsten-Knechte" oder „Söldner" auf der Seite der Regierungen stehen, zu verweigern. Der Aufruf zu einer Kampagne, die an das Lysistrata-Komplott in der Komödie von Aristophanes erinnert! So erreicht Louise mithilfe des Frauen-Engagements auch die Männer, die sich als Redakteure an ihrer Zeitung beteiligen. Als Frau ihrer Zeit stellt sie nicht den „Mann" in Frage, sondern formuliert generell den Gleichberechtigungsgrundsatz für alle im gesellschaftlichen Leben Benachteiligten.

Doch so ganz reibungslos verläuft die Geburtsstunde dieser Wochenzeitung nicht!

Bereits vor Erscheinen des Blattes wird das Programm von der Obrigkeit unter die Lupe genommen. Ein Jahr später durchsucht die Polizei Louises Wohnung, und weiterhin wird im Juli 1850 eine „Acta Gemein-und Staatsgefährliche Subjekte. Die Schriftstellerin Louise Otto aus Meißen betr." angelegt. Als dann 1850 das geänderte sächsische Pressegesetz Frauen die verantwortliche Redaktion von Zeitungen verbietet, sieht sie sich gezwungen, die Redaktion ins reußische Gera zu verlagern. Dort ist ihr bei der Herausgabe der Zeitung Adolph Hofmeister behilflich, ein Gesinnungsfreund von August Peters.

Doch auch in Preußen agiert die Reaktion; die von

Louise so geschätzten Kindergärten von Karl Friedrich Fröbel werden 1851 geschlossen, die von ihm gegründete „Hochschule für das weibliche Geschlecht" ein Jahr später. Auch das Pressegesetz in Preußen wird geändert, so dass es für Louise immer schwieriger wird, den frauenspezifischen Anspruch, den sie für die Zeitung reklamiert hat, durchzusetzen. Nach Auseinandersetzungen mit Hofmeister versucht sie einen erneuten Anlauf; sie kommt mit dem Verleger Bruno Hinze aus Leipzig überein, unter seiner offiziellen Redaktion die Zeitung weiterzuführen. Als dann von ihr verlangt wird, die inhaltliche Ausrichtung der Publikation zu einem unpolitischen Unterhaltungsblatt für Frauen zu ändern, gibt sie auf.

Neben der Enttäuschung über den Rückschlag ihres publizistischen Anliegens hat sie wieder einmal mit ihrem privaten Schicksal zu kämpfen; als am 5. Mai 1850 August Peters seine Zuchthausstrafe in Bruchsal antreten muss, sie feststellt, dass die Beziehung zu ihrer Mitredakteurin und Freundin Auguste Scheibe einen Bruch erhält, reagiert sie auf diese Belastungen mit psychosomatischen Symptomen wie in Kindertagen: sie wird krank.

Der Briefkontakt zu August, die Hilfeleistungen von Freunden und Bekannten an ihn, die Option in der neu gegründeten Zeitschrift „Gartenlaube" von Ernst Keil wieder schreiben zu dürfen, holen sie allmählich aus dem Tief. Auch die Verlobung mit August 1852 noch im Gefängnis von Bruchsal erscheint wie ein Versuch, ihr Leben wieder in den Griff und in geordnete Bahnen zu bekommen.

Und trotz aller Widrigkeiten schreibt sie zum Jahreswechsel 1851/52: „Meine Zukunft hängt allein an der Zukunft der Revolution...O ich weiß es wäre Alles für mich gut u. groß wenn die Geschichte wieder laut würde u. die Völkerstimmen..." Trotzig begeistert sie sich noch 1854 für die Freiheitsbewegungen auf der Krim. Sie klammert sich an die emotionale Erregtheit während der 1848er Ereignisse, ohne zur Kenntnis zu nehmen, dass sie nicht zum gewünschten Erfolg geführt haben. „O daß es wieder eine große Zeit gebe und Thaten! Ich fühle, ich würde ganz, ganz die Alte sein..."

Dabei blendet sie ihre eigenen Niederlagen und die ihrer Freunde und Mitstreiter realitätsfremd aus.

Ihr so geliebter Revolutionsdichter Georg Herwegh spottet über das Scheitern der Paulskirche: "Trotz aller Professoren, Im Parla- Parla- Parlament, Das Reden nimmt kein End!"

Auch Schriftstellerkollege Theodor Fontane, der sogar mit einer Karabiner-Requisite aus einem Theater auf den Berliner Barrikaden gestanden hat, muss im Nachhinein einräumen: "Viel Geschrei und wenig Wollen".

Und Karl Marx stellt zu Recht fest: „Die Monarchen antworteten auf die halbe Revolution mit einer ganzen Konterrevolution".
Louise schreibt zum Jahreswechsel 1849/50:

„Am Schluß des Jahres 1849

Die Glocken hallen dumpf am Jahresende,
In diesen schweren unheilvollen Zeiten
Ins Grab die deutsche Freiheit zu geleiten-
Ach! Ohne Hoffnung daß ihr Los sich wende!

Gefängniß, Flucht und Tod–das ist die Spende

Für Alle, die dem Vaterland sich weihten,

Dem Volke Recht und Einheit zu erstreiten,

Daß es zu einem Reiche sich verbände!

Und doch, und doch!-

Die Freiheit kann nicht sterben

ein Volk, das sich so opferfroh gezeigt,

Kann nicht für immer, kann nicht ganz verderben!

Und wenn auch jetzt der Hoffnung Saat verblüht -

Wir säten doch – das Volk wird einst noch erben

Um was wir kämpfen und noch nicht erreicht."

Sie wird wohl die politische Träumerin bleiben; geht es um frauenspezifische Dinge, wie die Gründung des Allgemeinen Deutschen Frauenvereins, ihre Anstrengungen um den Zugang zur Bildung für Mädchen und Frauen, die Verbesserung der Arbeitsbedingungen für Frauen, so kann sie im Laufe der nächsten Jahre unbestreitbare Erfolge vorweisen, die dann letztlich auch Einzug in die Politik halten.

Die von ihr so ersehnte nationale Einheit kommt allerdings erst 1871 durch Otto von Bismarck-von oben und durch „Blut und Eisen"!

Teil II

Nach dem vornehmlich durch biografische Angaben geprägten Text ist der zweite Teil in Anlehnung an die fiktive Anekdote eines Treffens der beiden Persönlichkeiten in Dresden 1838 ein literarisches „Spiel". Ähnlich formulierte es die Germanistin Ruth-Ellen B. Joeres in ihrem Aufsatz „Mit Louise Otto reden" im LOP-Jahrbuch IV/2014.

Beide sprechen mit dem Autor, der sein Anliegen aus der Kenntnis der jeweiligen Biografien vorbringt. Dagegen sind die Antworten durch Gefühle, Ideen, Eigenschaften, Sprache und Eigentümlichkeiten bestimmt, die er in beiden Personen entdeckt haben will.

Deswegen erhebt dieser Teil des Textes auch keinen Anspruch auf wissenschaftliche Korrektheit. Im Gegenteil – er ist höchst subjektiv, vielleicht tendenziös oder gar ungerecht. Er ist die Inszenierung eines Gesprächs im Zusammenhang mit historischen Personen und Ereignissen, das so nie stattgefunden hat.

Es wird darauf verzichtet, die sächsische Mundart von Louise sowie den dänisch beeinflussten Sprachstil Theodors in der Schriftsprache wiederzugeben; beide bedienen sich der heutigen Alltagssprache.

Ich :

„Frau Louise Otto-Peters, eine Frage vorweg: ihre Publikationen sind unterschiedlich signiert; wir lesen einmal Louise Otto, dann Louise Otto-Peters! Wie möchten Sie angesprochen werden?"

Louise:

„Wenn Sie genau hingeschaut haben, sind unterschiedliche Beiträge auch unterschiedlich signiert. So habe ich meine frühe Lyrik und Prosa natürlich mit meinem Mädchennamen unterschrieben; später-nach meiner Heirat mit August Peters-waren es vor allem politische und journalistische Arbeiten, die ich mit „Otto-Peters" signiert habe. Es war ja grundsätzlich schwierig für mich und andere Frauen, schriftstellerisch zu arbeiten und zu veröffentlichen. Wie oft musste ich mich hinter männlichen Pseudonymen verstecken!"

Theodor:

„Aber auch Männer wählten oft andere Namen. Denken Sie an den französische Essayisten und Philosophen Francois-Marie Arouet-bekannt als Voltaire. Er soll sich hinter etwa 160 verschiedenen Decknamen verborgen haben. Der Name wird vielleicht vergessen, das Geschriebene bleibt!"

Louise:

„Dieser Kunstgriff ist ja aus der Not geboren. Mein Mann, der wegen seiner Beteiligung an den Umsturzbewegungen jahrelang im Zuchthaus gesessen hat, hat später unter „Elfried von Taura" geschrieben. Voltaire war maßgeblicher Wegbereiter der Französischen Revolution; er hatte also gute Gründe sich zu verbergen. Wir Frauen mussten Pseudonyme verwenden, weil wir sonst nicht ernst genommen wurden. Insofern war ich ja froh, irgendwann überhaupt mit meinem Namen unterschreiben zu dürfen; aber ich bin-so glaube ich zumindest- immer Louise Otto geblieben!"

Ich :

„Lassen Sie mich auf ihre Kindheit und Jugend zu sprechen kommen. Sie sind beide in einem bürgerlichen Haushalt groß geworden, beide Väter waren

Rechtsanwälte. Wo sehen Sie Gemeinsamkeiten, wo die Unterschiede?"

Theodor :

„Wir lebten ja in einem Drei-Generationen-Haushalt. Irgendjemand kümmerte sich immer um uns Kinder. Und wenn nicht, waren wir uns selbst genug. Wir tobten auf Dächern und in den Bäumen. Mir machte unsere kleine Klippschule bei Madame Amberg trotz des immer bereit liegenden Rohrstocks Spaß; ich habe sie in angenehmerer Erinnerung als die Husumer Gelehrtenschule, in der nur gepaukt wurde.

Viel schöner ist aber die Erinnerung an meine liebe Lena, Bäckertochter aus der Nachbarschaft und ältere Schwester meines Kindermädchens Katharina. Ich besuchte sie oft gegen Abend, wenn die Arbeit in der Backstube getan war, und lauschte ihren Geschichten, die sie oftmals frei erfunden hatte und auf Plattdeutsch vortrug. Es wimmelte in ihren Erzählungen von schaurigen Figuren, Gespenstern und anderen Spukgestalten. Es war schaurig und schön zugleich, wenn ich anschließend durchs Dunkel wieder nach Hause musste.

Im Übrigen bin ich mir nicht sicher, ob ich immer gern zu Hause war. Natürlich war es zu Feiern, Geburtstagen oder besonders zu Weihnachten ein Vergnügen im Kreis der Familie zu sein. Mutter war ein liebe Person, die es manchmal mit ihrer Fürsorge für uns zu gut meinte; ich erinnere, dass ich mich manchmal darüber ärgerte, wenn sie nicht gleich verstand, was wir wollten oder meinten.

Allerdings hatte sie auch mit dem Haushalt und uns Kindern eine Menge zu tun; als ich älter war, wurde mir bewusst, dass diese Frau zwölf Kinder geboren hatte und sieben davon großzog. Und sie hatte es mit Vater nicht immer leicht; obwohl er sicher ein liebender Vater und Ehemann war, konnte er schnell aufbrausend und jähzornig sein. Diese wenig angenehmen Eigenschaften habe ich wohl von ihm geerbt.

Ein einschneidendes Erlebnis war dann der Tod meiner Schwester Lucie; ich war zwölf Jahre und habe zum ersten Mal Sterben und Tod erlebt. Zu diesem traurigen Ereignis habe ich auch meine ersten holprigen Verse produziert."

Louise :

„Ein ähnliches Schicksal, Herr Storm, habe auch ich erleben müssen. Als ich drei Jahre alt war, starb mein Bruder Heinrich; als kleines Mädchen habe ich dies nur durch Erzählungen meiner Eltern wahrgenommen.

Doch als dann meine älteste Schwester Clementine an Auszehrung verstarb, traf es mich viel härter; sie war nämlich nicht nur Schwester, sondern Gesprächspartnerin und Freundin. Wir haben uns gut verstanden, konnten alles miteinander bereden. Sie war mir eine große Stütze!

Kaum hatte ich diesen Schmerz einigermaßen überwunden, starb 1835 meine Mutter ebenfalls an der Schwindsucht. Dass diese Krankheit, die dann Tuberkulose genannt wurde, rund fünfzig Jahre nach dem Tod meiner Liebsten vielleicht durch ein Heilmittel hätte behandelt werden können, ist für mich umso tragischer. Nur ein paar Monate später erlag mein Vater einem Schlaganfall. Bruder, Schwester und Eltern in relativ kurzer Zeit verloren zu haben, ist für mich als sechzehnjähriges Mädchen kaum zu ertragen gewesen.

Nun hatten wir Mädchen nur noch uns; Antonie und Francisca waren mir nur noch von einer Familie übrig geblieben, in der ich mich so aufgehoben und geliebt fühlte.

Und um auf die ersten schriftstellerischen Versuche zurück zu kommen, war es nicht wie bei Ihnen, Herr Storm, ein privates, familiäres Ereignis, sondern die neue Verfassung des Königreichs Sachsen im Jahre 1831. Meine Eltern, insbesondere der Vater, haben uns Kinder auch immer an den aktuellen, politischen Entwicklungen teilhaben lassen. Die freudige Erregung, die damals die Eltern ergriffen hat, ist auch auf mich über gesprungen. Es war sicher kindlich-unfertiges Zeug, das ich in jener Zeit geschrieben habe und ich wollte wohl meine Eltern beeindrucken und ihnen eine Freude zu machen. Die Tragweite dieser Verfassungsreform war mir als elf-zwölfjähriges Mädchen bestimmt noch nicht bewusst. Und da wir durch unsere Mutter recht früh die Klassiker kennen gelernt haben, spürte ich damals schon meinen Hang zur lyrischen Sprache."

Theodor :

„Ich hatte es da mit meinen lyrischen Versuchen schon ein wenig schwerer; meinem Vater waren als Rechtsanwalt, der mitten in der Wirklichkeit stand, meine literarischen Erprobungen eher fremd. Er beurteilte meine Schreiberei-ähnlich wie später Freund Mommsen–als verweichlichte Schwärmerei.

Nun „eier" ich schon wie Kollege Fontane! Zwei Wörter mit „ei" in einem Satz!

Nun ja-es waren vor allem Lübeck und mein tragikomischer Kauz und Freund Ferdinand Röse, die mich der Literatur und meinem eigenen Schreiben näher brachten. Lübeck, weil ich dort in einem ganz anderen Umfeld lebte, Kontakte mit Menschen bekam, die auch einmal über den Tellerrand schauten, und Ferdinand, der so liebenswürdig-zugewandt, aber auch offen-derb meinen intellektuellen Hintergrund und meine literarische Arbeit kritisierte. Ohne ihn wäre mir der Zugang zu den zeitgenössischen Größen der Wortkunst verschlossen geblieben.

Das Aufbegehren um 1830 habe ich als zwölf- oder dreizehnjähriger Junge kaum wahr genommen; von den Ereignissen in der Welt außerhalb Husums erfuhren wir höchstens über unsere Lehrer in der Gelehrtenschule. Deren Informationsquellen waren die Zeitungen, die ja durch die technischen Neuerungen massenhaft Verbreitung fanden. Daher erfuhren wir zwar von der Julirevolution in Frankreich, aber Frankreich war weit weg.

Mich interessierte damals vor allem die Lyrik.

Erst in Lübeck kam ich mit gesellschaftskritischen Texten in Berührung; mich begeisterte allerdings mehr die starke Sprache als der politische Inhalt. Das kam alles erst später!"

Ich :

„Kommen wir zur Literatur dieser Zeit. Es existierten gleichsam parallel der eher konservative Biedermeier und der radikal-demokratische Vormärz. Dessen Motive waren die Forderungen nach Gleichbehandlung aller Menschen, eine demokratische Verfassung und die Freiheit der Presse, die spätestens seit der Karlsbader Beschlüsse der Zensur unterlag.

Begründet wurde die Zensur mit der `Reinigung von Behörden, Konsistorien, Schulen und Universitäten von gefährlichen Irrtümern, Verführern und Verführten` –so der Wortlaut. Am 10. Dezember 1835 kam es in der 31. Sitzung der Bundesversammlung zu einem Beschluss, der die Texte der so genannten Jungdeutschen verbieten ließ, da sie `christliche Religion angriffen und die bestehenden sozialen Verhältnisse herabwürdigten`. Sie beide lebten also in einer Zeit, die aus intellektueller, schriftstellerischer und gesellschaftspolitischer Sicht durchaus gespalten war."

Louise :

„Ich glaube, dass meine Familie eher gut-bürgerlich organisiert war. Sicher war mein Vater fortschrittlicher als die meisten seiner Generation. Doch von einer Spaltung, die Sie anführen, war bei uns nicht viel zu spüren. Diejenigen, die damals aufbegehrten, waren ja auch in einer Minderheit, eine Minderheit zwar, aber eine, die sich mehr und mehr Gehör verschaffte und mich mit ihren Ideen faszinierte. Dazu kam, dass ich als Mädchen schon früh merkte, dass es Benachteiligte in der Gesellschaft gab. So fühlte ich es auch später, und deswegen hatten die Männer des Jungen Deutschland, die von staatlicher Seite manchen Repressionen ausgesetzt waren, meine ganze Sympathie.

Ein besonders einschneidendes Ereignis verstärkte meinen Drang zur Literatur. Mir eben Siebzehnjährige fehlte nach dem Tod meiner Eltern plötzlich die Orientierung für mein zukünftiges Leben; es fehlten der immer optimistisch nach Vorne blickende Vater und die feinsinnige Mutter, von der ich durch Kunst, Musik und Literatur so viel erfahren habe und noch hätte erfahren können. Ich war ratlos und verzweifelt; meine Schwestern konnten verständlicherweise keine große Hilfe sein, weil sie ja selbst trauerten. Und Tante Amalie, die uns betreuen und versorgen sollte, war so von ganz anderem Schlag als meine Eltern. Es fiel mir schwer, mich mit meinem Kummer an sie zu wenden. So blieben nur wir Schwestern! Gerade in dieser schlimmen Zeit war mir die Literatur von Schiller, Byron, Paul und Klopstock von großer Hilfe. In dieser emotional aufgewühlten Verfassung beschloss ich, mich nur noch der Poesie zu zuwenden. Richtige Freundinnen aus der Schulzeit hatte ich nicht, Tante Amalie wollte oder konnte mich nicht verstehen. Doch von den großen Geistern fühlte ich mich verstanden, und fortan sollten sie mein Leben bestimmen."

Theodor :

„Da kann ich Sie gut verstehen; für mich war die Familie der Ort der Geborgenheit. Die Familie meiner Kindheit und Jugend war vielleicht nicht immer von Liebe und Zuwendung geprägt, aber ich fühlte mich in ihr aufgehoben. Diese Erfahrung war dann für meine eigene Familie von großer Bedeutung. Die Liebe zu meiner Frau und den Kindern war das Höchste für mich; ich habe versucht, in einigen Novellen die Tragik von zerstörten Familien zu beschreiben. Meine eigene war ja auch durch schwere Erschütterungen bedroht. In solchen Situationen befielen mich Depressionen, die so elementar waren, dass mich ständig ein Gefühl von Todesahnung und Vergänglichkeit beherrschte. Und da hat mich–ähnlich wie bei Ihnen, Frau Otto–die Literatur gerettet;

ich arbeitete wie besessen und fand dadurch meinen Weg aus dieser dunklen Verstrickung."

Ich :

„Lassen Sie mich im Zusammenhang zu Ihren Ausführungen zur Familie eine Zwischenfrage an Sie, Herr Storm, stellen: wenn Ihnen dieses `Familienidyll` so wichtig war, warum haben Sie Ihre Ehe durch die Liaison mit Doris Jensen–zumal Ihre Frau Constanze kurz vor der Geburt Ihres ersten Kindes stand-dann aufs Spiel gesetzt?"

Theodor :

„Eigentlich ist Ihre Frage eine Zumutung! Nun ja, meine Frauen und ich waren schon ein besonderes Kapitel in meinem Leben; ich spreche nicht gern darüber, weil es doch an etwas sehr Privates rührt und meine Beziehungen oft turbulent, auch widersprüchlich waren-wie Sie gerade selbst ansprechen. Es gab ja nicht nur Doris und Constanze, sondern auch die kleine Bertha und Emma, meine Freundin aus frühen Zeiten. Jede für sich spielte ihre eigene Rolle in meinem Leben. Während Bertha zunächst das

Schwärmerisch-Romantische in mir ansprach, das dann immer mehr von einer Obsession bis zu einem fast schmerzhaftem, körperlichen Verlangen führte, ließ mich Emma schon einmal die Vorfreuden auf die körperliche Lust spüren. Doch ich war jung, und Emma vielleicht nur ein Ersatz für die betörende Bertha, die mich abblitzen ließ.

Es gab eben einige Frauen in meinem Leben; da habe ich als Mann aber keine Ausnahme gemacht. Das war so bei vielen Zeitgenossen, die ich kannte.

Wie dem auch sei-darüber ist viel geschrieben und spekuliert worden. Ich bin auch davon ausgegangen, dass wir heute nicht über diese, sondern andere Dinge sprechen wollten."

Louise:

„Ich finde es schon wichtig, Herr Storm, dass unsere Leserinnen und Leser erfahren, wie wir es mit dem anderen Geschlecht gehalten haben. Es gehört schließlich zu unserem Leben.

Wir sind ja jetzt in der komfortablen Situation, dass wir unser Dasein aus einer ganz anderen Warte beschreiben können. Wie Sie selbst schon sagten-es ist so viel geschrieben und spekuliert worden-,dann lassen Sie uns doch Dinge richtig stellen, die Ihrer Meinung nach nicht korrekt wiedergegeben worden sind.

Wir können doch freimütig und unverblümt erzählen; unser Leben ist gelebt, es lässt sich nicht mehr ändern."

Theodor :

„Vielleicht haben Sie recht, und ich bin da ein wenig dünnhäutig. Ich habe für meine Söhne einen kleinen Vierzeiler geschrieben, in dem von der `goldenen Rücksichtslosigkeit` die Rede ist.

Vielleicht wirkt die Rücksichtslosigkeit gegen mich selbst ja auch `erfrischend`!

Also, ich habe des Öfteren in Briefen an meine Frau Constanze und meinen Freund Emil Kuhn ganz offen mitgeteilt, dass ich eine stark sinnliche Natur habe. Diese Wesensart hat mich mein Leben lang und trotz hohen Alters nicht verlassen. Es war wohl die Libido, die ich mit Constanze während ihrer Schwangerschaft nicht so ausleben konnte wie ich es gern getan hätte.

Und so spürte ich diese Leidenschaft eben am intensivsten bei Doris Jensen. Ich kannte sie ja bereits als Dreizehnjährige, und schon damals war ich von ihr hingerissen. Zudem war sie mir nicht abgeneigt-da kam es dann zu diesem Verhältnis!

Wie Sie ja auch wissen, hat mich diese Liaison sehr gequält und fast zerrissen. Nun haben Sie die Antwort auf Ihre Frage meine Affäre mit Doris betreffend!"

Ich :

„Bitte entschuldigen Sie, Herr Storm, wenn ich Ihnen mit dieser Frage zu nahe getreten sein sollte. Ich begrüße es, wenn Sie sich beide auf eine Sprachregelung für unsere Unterhaltung einigen können, damit keine Missverständnisse aufkommen.

Aber lassen Sie uns auf das eigentliche Thema zurück kommen: der Vormärz und die Revolution 1848."

Louise :

„Da Herr Storm sich bereit erklärt hat, auch über die privaten Dinge mit `goldner Rücksichtslosigkeit` zu sprechen, sollten wir nicht vergessen, zu einem späteren Zeitpunkt das Verhältnis Frau/Mann noch einmal zu thematisieren. Dieses Phänomen hat mich ja fast mein ganzes Leben lang begleitet und war der Fixpunkt meiner schriftstellerischen Arbeit. Ich muss darauf bestehen!"

Theodor :

„Frau Otto hat sicher damit recht, dass wir uns im Laufe des Gesprächs noch mit diesem Sachverhalt beschäftigen müssen. Bei Ihnen bekommt diese Angelegenheit ja auch einen anderen Schwerpunkt als bei mir. Doch wir liegen mit der Forderung nach mehr Bildung für Frauen auf einer Linie. Darüber können wir gerne diskutieren!

Da wir uns ja auf Offenheit in diesem Gespräch verständigt haben, liegt mir eine Frage auf der Zunge, bevor wir uns um die Ereignisse 1848 kümmern: Sie haben nach den schmerzlichen, familiären Verlusten noch als junge Frau für sich konstatiert, Ihr Leben zukünftig nur noch der Poesie zu widmen. Doch dann gab es Gustav Müller!"

Louise :

„Ich ahne schon, worauf Sie hinaus wollen, und Sie haben Recht. Gustav war meine erste, große Liebe. Ihm habe ich sogar den Lapsus verziehen, mir vorzuschreiben zu wollen, welche Lektüre Frauen zukommt.

Es ist tatsächlich so, dass ich eine Zeit lang hin - und hergerissen war. Als ich Gustav in einem Brief mitteilte, dass ich nur noch ein Schatten meiner selbst wäre, wenn ich dem Musendienst entsagen müsste, und je mehr ich ihn liebte, um so mehr ich auch die Dienstkunst liebte, war das ein Versuch, Gustav und meine Poesie zusammen zu bringen. Ich wusste, dass er mich als Dichterin schätzte, wusste aber auch, dass Gustav mich als Frau begehrte. Und dem konnte ich nicht widerstehen! Sie haben also recht: ich bin meinem Gelübde untreu geworden. Im Nachhinein war es gegenüber Friedrich Schiller auch nicht fair, seine Gedichtzeilen

-Wie sich Verwandtes zu Verwandtem findet,

Da ist kein Widerstand und keine Wahl,

Es löst der Mensch nicht, was der Himmel bindetals Entschuldigung für meine Wankelmütigkeit zu benutzen. Es war für mich ja eine ganz neue Erfahrung, dass jemand ein Verlangen nach mir verspürte."

Ich :

„Vielleicht finden wir in diesem Zusammenhang doch noch den Weg zu den historischen Ereignissen, über die wir sprechen wollten. Sie, Frau Otto, hatten sich zu dieser Zeit bereits schriftstellerisch mit der Situation der arbeitenden Bevölkerung auseinander gesetzt.

Es gab einen–aus heutiger Sicht-zeitgenössischen Autoren, der in einem seiner Romane eine Figur sagen lässt ´Gefühle kommen mir so überflüssig vor, sie verursachen nur Schlimmes. Das Leben wäre viel einfacher, wenn man auf Gefühle verzichten würde´.

Waren Ihre Gefühle im Bezug auf Ihre sozialkritischen Arbeiten nicht eher hinderlich?"

Louise :

„Da bin ich ganz anderer Ansicht als der von Ihnen erwähnte Schriftsteller-zumindest für den Bereich der Auseinandersetzung mit sozialen Missständen. Wenn Sie die Frauen und Kinder in den Webereien gesehen haben, unter welchen Bedingungen sie dort arbeiten mussten, dann müssen Sie zwangsläufig ein Mitgefühl empfinden. Ich spreche nicht von Mitleid. Ich empfand eher eine tiefe Anteilnahme an der Situation dieser Menschen angesichts der Not und Ungerechtigkeit, die sie täglich erleiden müssen. Erst dann entwickelte ich für mich ein Bewusstsein und eine Sprache, die rational und realistisch die dort gesehene Arbeitswelt beschreiben konnte.

In der Lyrik, die in dieser Zeit entstanden ist, spürt man allerdings auch meine Betroffenheit und Bewegtheit.

Ich war ja noch jung und wusste bis dahin nicht genau, welchen Weg ich gehen würde."

Theodor :

„Bei uns in der Provinz lagen die Dinge anders. Die revolutionären Ereignisse um 1830 in Frankreich spielten für mich zwölf-dreizehnjährigen Jungen keine Rolle. Wir erhielten zwar von einigen, jungen Lehrern der Gelehrtenschule Hinweise über die Unruhen; doch diese Mitteilungen, die aus Zeitungen stammten, wurden schnell von der Schulleitung verboten.

Die politische Situation bei uns war später dann durch den aufkommenden Nationalpatriotismus und die sich abzeichnenden Auseinandersetzungen mit Dänemark bestimmt. Ich bin in dieser Zeit eher unentschieden gewesen; schließlich sprach ich fließend Dänisch, der dänische König war `unser` König und mein Vater war Mitglied des Danebrog-Ordens.

Vielleicht war es Heine, der mich durch sein `Buch der Lieder`, vor allem aber durch seine `Reisebilder` dazu brachte, in meinen Novellen eine besondere, erzählende Literatur zu praktizieren. Durch ihn lernte ich auch Ironie, Realismus, Humor und Elegie in meinen Geschichten zu variieren.

Aber ich schweife ab!

Erst während meiner Studienzeit in Kiel spielte die Politik eine Rolle; das lag vor allem am engen Kontakt mit den Brüdern Mommsen. Insbesondere Theodor mit seinem scharfen Intellekt hat mich in dieser Zeit und auch später stark beeinflusst.

Zuerst waren es die Jungdeutschen, die mich mit ihrer Lyrik, die von Freiheitsgedanken durchdrungen war, auf eine Betrachtung der gesellschaftlichen und politischen Situation im Herzogtum Schleswig gebracht hatten. Dann politisierte sich diese zunächst diffuse Freiheitsliebe weg vom gesamtstaatlichen Denken eines dänischen Königtums zu einem patriotischen Nationalismus für das Herzogtum."

Louise :

„Das müssen Sie etwa genauer erklären, Herr Storm. Wie Sie selber sagen, waren Sie und ihre Familie in ihrem Politikverständnis dem dänischen Gesamtstaat zugeneigt. Wie ich gelesen habe, sprachen im Herzogtum Schleswig achtzigtausend Menschen Deutsch , aber einhundertfünfzigtausend Einwohner Dänisch. Auch Ihre Universität war ja dänisch geprägt. Wann ist dann dieser Gesinnungswandel eingetreten?"

Theodor :

„Ach, im Nachhinein weiß ich gar nicht, ob sich wirklich ein Gesinnungswechsel bei mir eingestellt hat. Vielleicht war es der Zeitgeist, der mich angesprochen hat; denn auch an der Universität gab es ja Professoren, die für eine Eigenständigkeit der Herzogtümer eingetreten sind. Nikolaus Falck, der mich auch examinierte, war in dieser Zeit wohl einer der wenigen, die an der Gesamtstaatlichkeit festhielten.

Alle anderen waren von der plötzlich aufkommenden, patriotischen Stimmung erfüllt. Die machte ja auch nicht vor uns Studenten halt. Es war letztendlich die Literatur der Jungdeutschen, die mich begeisterte. Und ich kann mich daran erinnern, wie ich - beeindruckt von den Lübecker Erlebnissen-erwartungsfroh nach Kiel zum Studium ging. Dass alles anders kommen sollte, ahnte ich damals noch nicht. Das Studium war langweilig, mein Freund Ferdinand studierte in Berlin. Das Kieler Studentenleben war nicht so wirklich meine Sache!"

Louise :

„Wie gern wäre ich damals an Ihrer Stelle gewesen, Herr Storm! Nach der Schullaufbahn gab es ja für uns Mädchen keine weitere Ausbildung. Es gab damals den `Bienenkorb`, einen kleinen Literaturzirkel, der von einem früheren Lehrer ins Leben gerufen wurde. Dort habe ich Gleichgesinnte kennengelernt, mit denen ich mich austauschen konnte. Und dort habe ich gelernt, mich als quasi Self-made-Frau in der Literaturszene durchzusetzen. Dabei war vor allem die Lyrik mein A und O, mein Lebenselixier. Das mag sich zwar jetzt ein wenig übertrieben anhören, aber es entspricht der Wahrheit. Nach all den traurigen Ereignissen in meiner Familie war die Literatur ein Ankerpunkt für meine weitere Lebens- planung. Meine Schwestern und dieser kleine Lesekreis bildeten den Ersatz für meine Familie.

Dies alles musste ich mir selbständig erarbeiten und bekam es nicht so großzügig serviert wie es bei Ihnen der Fall war, Herr Storm!

Theodor :

„So einfach hatte ich es auch nicht! Meinem Vater war die Schreiberei ziemlich suspekt; er hätte es gern gesehen, wenn ich mich mehr um die Jurisprudenz gekümmert hätte. Er mäkelte nur an meinen Schreibversuchen herum und hielt sie für unnötige Zeitverschwendung. So brauchte auch ich Anstöße von außen! Mein Aufenthalt bei Ferdinand Röse in Berlin war da ein echter Lichtblick; endlich bekam ich Kontakt zu Gleichgesinnten, lernte die echte, richtige Kultur–und Theaterlandschaft kennen.

Im Sommer 1838 machte ich zum Abschluss meiner Zeit in Berlin mit einigen Kommilitonen eine Tour nach Dresden; in einem kleinen Lokal trafen wir auf eine Runde junger Menschen, die sich angeregt über die aktuelle Literaturszene unterhielten. Ein älterer Herr schien der Mentor dieser Gruppe zu sein und eine junge Frau trug von ihr verfasste Gedichte vor; sie erinnerten mich an Ihre frühen Werke, Frau Otto! "

Louise :

„Es ist gut möglich, dass wir uns damals schon begegnet sind; wir trafen uns öfter mit dem `Bienenkorb` in Dresden. Und ich kann mich an eine Szene im Restaurant Kreuzkamm erinnern, als einige Studenten sich an den Nachbartisch setzten und ebenfalls angeregt über Literatur diskutierten. Ihrer Sprache nach zu urteilen, kamen sie nicht aus unsrer Region. Also, schon möglich, dass Sie dabei gewesen sind!

Aber ich muss noch einmal auf Ihre privilegierte Situation zu sprechen kommen. An unseren Biografien zeigt sich doch die unterschiedliche Bewertung von Frau und Mann. Wenn ich mir heute die Aktivitäten und Erfolge der Frauenbewegung anschaue, muss ich einräumen, dass ich damals viel zu zaghaft gewesen bin. George Sand und später Clara Eißner, danach Zetkin, waren da viel radikaler. Vielleicht konnte ich auch nicht mehr aus meiner Haut?! Ich bin bürgerlich erzogen worden, hatte nicht den Lebensstil von George und nicht die Vorgeschichte der Familie von Clara. Da sind wir ja in unseren Lebensläufen sehr ähnlich, Herr Storm. Doch hatten Sie als Mann eine aussichtsreichere Position, sich in politische Angelegenheiten einzumischen. Als es in Ihrem Herzogtum zu ersten Auseinandersetzungen kam, war ich drauf und dran, zu Ihnen zu reisen, um zu helfen. Wo waren Sie da?"

Theodor : „Ich bin zwar auf einem Sängerfest gewesen, aber da interessierten mich nicht so sehr die po-

litischen Parolen, die auf diesen Festen ja gerne gedroschen werden. Mein Chor war mir–ehrlich gesagt
-wichtiger. Immerhin habe ich 1845 ein Gedicht geschrieben, das sich gegen die Verordnung des dänischen Königs richtete, die blau-weiß-rote Fahne zu
verbieten."

Ich :

„Sie meinen das Symbol der schleswig-holsteini-
schen Unabhängigkeitsbewegung?! Nach meinem
Wissen haben Sie dieses Gedicht aber lediglich Ihrer
Frau mit dem eindeutigen Hinweis geschickt-und
ich zitiere: `Meine Vaterschaft verschweige aber
streng`. War das Gedicht so schlecht, war es Ihnen
peinlich oder vielleicht zu obstruktiv?"

Theodor :

„Wie ich schon sagte: ich bin nicht der Mensch, der
sich politisch besonders exponiert. Meine Aktivitäten hielten sich damals eher im Hintergrund. Als
dann die Festung Rendsburg durch einen Hand-
streich eingenommen und Sitz der provisorischen

Regierung wurde, wehten auch bei uns in Husum die Schleswig– Holstein-Fahnen.

Das Gedicht, das Sie erwähnen, entsprach damals tatsächlich meinem Inneren. Ich ließ mich durch die allgegenwärtige Begeisterung anstecken; allerdings bin ich nicht fanatisch jubelnd durch die Straßen gelaufen. Ich musste ja auch auf meine Reputation als Rechtsanwalt achten.

Als Theodor Mommsen dann endlich aus Italien zurückkehrte und Redakteur der Schleswig–Holsteinischen-Zeitung wurde, ließ ich mich von ihm überreden, als Husumer Korrespondent mit zu arbeiten. Auch diese Beiträge habe ich nicht namentlich gekennzeichnet.

Mommsen war als politischer Journalist äußerst Risiko freundlich; meine Beiträge waren ihm oft zu wenig engagiert, zu unpolitisch.

Einmal allerdings bin auch ich aus meinem Schatten getreten: Als die schleswig-holsteinische Sache nach dem Desaster von Idstedt und der Bombardierung von Friedrichstadt verloren war, unterschrieb ich mit etlichen Husumer Bürgern am 14. Mai 1849 eine Petition, in der Friedrich VII von Dänemark aufgefordert wurde, auf seinen Herzogstatus zu verzichten und die Personalunion von Herzog und König für alle Zeiten aufzuheben. Wie Sie wissen, ist mir die Geschichte dann später auf die Füße gefallen."

Louise :

„Meinen Sie damit die Anordnung der dänischen Obrigkeit, nicht mehr als selbständiger Anwalt arbeiten zu dürfen? Mussten Sie nicht mit entsprechenden Konsequenzen rechnen? Sie hätten in der Anwaltspraxis Ihres Vaters arbeiten können! Außerdem hatten Sie schon einen Ruf als Schriftsteller. Die Anordnung betraf ja nicht Ihre Arbeit als Autor."

Theodor :

„Ich habe ja eine Zeitlang in der Praxis meines Vaters gearbeitet. Doch trotz aller Beziehungen bekam ich auf meine Bewerbungen immer nur Absagen. Sicher hatte ich als Lyriker und dann auch mit `Immensee` einige Erfolge. Aber Rechtsanwalt war nun mein Brotberuf, ich hatte meine kleine Familie zu ernähren. Auf der Suche nach einer Arbeitsstelle reiste ich auch nach Berlin und lernte dort im Literatenzirkel ´Tunnel über der Spree´, später ´Rütli´, Paul Heyse, Theodor Fontane und andere Kollegen kennen. Dies war zumindest ein Lichtblick in meiner damaligen Situation.

Schließlich erhielt ich eine Anstellung als Gerichtsassessor beim Kreisgericht Potsdam–ausgerechnet Potsdam und ausgerechnet bei den Preußen! Adel und Junkertum waren mir von jeher höchst zuwider, die Bezahlung äußerst dürftig. Wir mussten einige Male in Potsdam umziehen, weil wir die Mieten nicht aufbringen konnten. Und ich weiß nicht, wie sich die Dinge weiter entwickelt hätten, wäre da nicht mein Vater gewesen. Nur durch seine Unterstützung konnten wir uns ökonomisch über Wasser halten!"

Ich :

„Nun sind wir ja schon in den 1850er Jahren. Lassen Sie uns noch einmal einen Blick auf die Zeit der 48er Unruhen werfen.

Sie begannen Ihre Karrieren als Schriftstellerin bzw. Schriftsteller vor allem mit der Lyrik. Diese Literaturgattung benutzten Sie, Herr Storm, auch für politische Aussagen. Ich erinnere mich an das `Oktober-lied`, das-ursprünglich als Naturlyrik konzipiert-Sie mit dem Titel `1848` versehen haben. Oder auch „Ostern", ebenfalls Naturlyrik, das Sie als ein politisches Gedicht beginnen wollten, aber kaum politisch pointieren konnten.

Auch Sie, Frau Otto, bedienten sich der Lyrik mit politischen Aussagen. Ich denke da nur an ´Wartburg´ oder ´Im Dom zu Breslau´."

Louise :

„Wobei die von Ihnen genannten Beispiele auch die Kritik an der römisch-katholischen Kirche deutlich machen. Aber ich denke, dass wir auf das Thema Kirche/Religion noch zu sprechen kommen.

Ich glaube, dass wir unterschiedliche Ansätze verfolgt haben.

Wenn ich Ihre Lyrik verfolge, Herr Storm, ist vornehmlich die Rede von Heimat, Landschaft, Liebe, Ehe, Familie und Leidenschaft die Rede. Bitte korrigieren Sie mich, falls ich mit meiner Einschätzung danebenliege! In Ihren Gedichten sprechen Sie so einfühlsam, dass ich mich sofort in Ihre Stimmungslage versetzen konnte. Besonders hat es mir Ihr Gedicht `Tiefe Schatten` angetan; auch ich habe versucht, meine Gefühle zum Tod meines Verlobten Gustav in einem Gedicht auszudrücken. Es ist mir bei weitem nicht so gelungen!

Ich glaube, Sie waren einer der letzten Romantiker, der mit seiner Dichtung zu Recht Lob und Anerkennung verdient hat.

Ihren literarischen Ausflug in die Politik sehe ich dagegen kritisch; einzig Ihr Gedicht ´1. Januar 1851´ spricht eine durchweg politische Sprache. Die anderen politisch angehauchten Werke hatten einen anderen Grundtenor. ´Im Herbste 1850´ oder auch ´Gräber an der Küste´ spiegeln doch eher Ihre Gemütsverfassung als politische Empörung wider.

Realistisch werden Sie in den Schicksals-oder Chronik-Novellen wie ´Viola tricolor´ oder ´Aquis submersus ´.

Meine ersten Lyrik-Versuche waren auch eher emotional, gefühlsbestimmt. Sie passten damit auch zu den inhaltlichen Aussagen.

Bei meinen sozialkritischen Gedichten war die grundlegende Intention, Missstände und Fehlentwicklungen aufzuzeigen. Heute erscheint mir das Mittel der Lyrik für diese Sachverhalte nicht die geeignete Methode zu sein. Damals bedienten sich einige meiner Freundinnen dieser Stilrichtung. Wir waren Kinder der Zeit, vor allem waren wir Frauen. Und Frauen waren in der männlichen Wahrnehmung eben gefühlsbetont und schwärmerisch.

Deswegen habe ich mich auch bald der Prosa zugewandt; zunächst waren es Essays oder politische Aufsätze. Dann folgten Romane, und ich stellte fest, dass dieses Format am besten geeignet war, ein realistisches Bild der Ereignisse mit der entsprechenden Kritik zu zeichnen".

Theodor :

„Mit den politisch angehauchten` Gedichten haben Sie wohl möglich auch das ´Ostern´-Gedicht gemeint. Es war tatsächlich so, dass ich 1846 dieses Gedicht begonnen habe. Und ich war und bin immer noch der Meinung, dass es eines meiner besten gewesen ist. Dann gab es die Unruhen, und auch ich wurde von der allgemeinen Stimmung erfasst.

Nachdem mein Freund Mommsen Mitherausgeber der ´Schleswig–Holsteinischen–Zeitung´ geworden war, wollte er meine Mitarbeit. So habe ich an das zwei Jahre alte Ostern-Gedicht noch zwei Strophen angehängt und ihm zur Veröffentlichung zugeschickt. Wie ich vorhin schon sagte, war ich in seinen Augen eine ´verweichlichte´ Natur, die nicht zur politischen Zuspitzung fähig war.

Es begann mein kurzer Ausflug in den Journalismus. Mommsen, mit seinem strengen Intellekt, erläuterte mir mit einigen Hinweisen, wie ein prägnanter, durchaus tendenziöser Zeitungsartikel auszusehen hat.

Mir fiel es zunächst recht schwer, weil diese Sprache überhaupt nicht die meine war. Doch dann erinnerte ich mich an die scharfe Zunge von Heinrich Heine. Und so entstanden ein paar passable Artikel aus meiner Heimatstadt für die Zeitung, die auch Theodor Mommsen zufrieden gestellt haben. Vielleicht war dies auch eine gute Übung für meine beginnende Präferenz zur Prosa.

Ein Beispiel macht deutlich, dass ich in meinen Prosatexten auch gesellschaftskritische Einstellungen formuliert habe; in meiner Erzählung ´Im Saale´ plädiert eine Figur für die Abschaffung der Stände. Dieser Text wurde 1851 publiziert, ist also für die damalige Zeit durchaus noch aktuell.

Alles in allem waren Lyrik und Prosa für meine Verhältnisse schon zeitkritisch. Wir Provinzler im Norden waren letztendlich nur ein Spielball der europäischen Mächte. Und die Ungerechtigkeiten, die wir durch die dänische Herrschaft erfuhren, lassen sich sicher nicht mit den Ereignissen in Sachsen vergleichen. Die im wahrsten Wortsinn explosiven Spannungen einer vor industrialisierten Arbeitswelt mussten wir nicht erfahren.

Dennoch–es gab Krieg und Blutvergießen! Und Unrecht bleibt Unrecht!"

Louise :

„Da haben Sie sicher recht. Dennoch wundert es mich, dass Sie so wenig offensiv gewesen sind. Ihr fulminantes Gedicht ´1. Januar 1851´ erschien erst 1864! Warum? Ihr Freund und Namensvetter Mommsen beteiligte sich am Maiaufstand in unserem Königreich 1849, wurde angeklagt und zwei

Jahre später aus dem Hochschuldienst entlassen. Ihr Schriftstellerkollege Theodor Fontane, zu dem Sie ja ein Freund-Feind-Verhältnis pflegten, stand auf den Barrikaden in Berlin!

Es wäre Ihnen möglich gewesen, weiterhin in der Kanzlei Ihres Vaters zu arbeiten, um von dort für die schleswig-holsteinische Sache zu streiten; stattdessen verließen Sie Ihre Heimat, gingen in das von Ihnen so ungeliebte Preußen, um mit Ihrer Familie ein kärgliches Leben zu führen. Das verstehe ich nicht!"

Theodor :

„Meine liebe Frau Otto-Peters! Ich bin davon ausgegangen, dass wir ein Gespräch auf Augenhöhe führen wollten. Ich sitze hier nicht auf der Bank des Angeklagten! Im biografischen Teil dieses Buches ist das Gedicht `Welt-Lauf` erwähnt, das Ihnen meine Beweggründe für diesen Schritt deutlich macht. Ich wollte kein `halber Schuft` werden. Man hat mir Eitelkeit vorgeworfen, friesische Sturheit oder was auch immer–egal!

Sie hatten mich zu Beginn unseres Gesprächs mit einer Zeile aus einem meiner Gedichte konfrontiert:

`goldne Rücksichtslosigkeit`. Ich bin vielleicht subtiler vorgegangen als Sie oder andere Kollegen. Meinen zweiten Sohn habe ich beispielsweise nicht in der hiesigen Kirche taufen lassen, weil der Pastor die Taufhandlung auf Dänisch durchgeführt hätte. Zudem habe ich die Leitung der hiesigen ´Liedertafel´ übernommen; wie Sie wissen, ist in diesen Runden immer auch politisch debattiert worden. Außerdem war ich in dieser Zeit Sekretär des ´Patriotische Hilfsvereins´ , der Geld für Verwundete und Kriegsgefangene gesammelt hat.

Meine Einstellung zu traditionell konservativen Gruppierungen wie Adel oder auch der Kirche habe ich mehr als deutlich gemacht. Auch hier möchte ich ein Beispiel nennen, das ich übrigens bereits 1847 geschrieben habe:

Gesegnete Mahlzeit

Sie haben wundervoll diniert;
Warm und behaglich rollt ihr Blut,
Voll Menschenliebe ist ihr Herz,
Sie sind der ganzen Welt so gut.

Sie schütteln zärtlich sich die Hand,

Umwandelnd den geleerten Tisch,

Und wünschen, daß gesegnet sei

Der Wein, der Braten und der Fisch.

Die Geistlichkeit, die Weltlichkeit,

Wie sie so ganz verstehen sich!

Ich glaube, Gott verzeihe mir,

Sie lieben sich herzinniglich.

Sie mögen vielleicht eine andere Sprache, einen anderen Stil bevorzugen; aber Sie sollten es jedem selbst überlassen, auf welche Weise er auf eine Problemlage reagiert.

Soviel zu meinem Engagement!"

Ich :

„Ich möchte diese aufschlussreiche, weil sich zuspitzende, Diskussion nur ungern unterbrechen, aber es gibt noch so einiges, das ich mit Ihnen besprechen möchte. Das Jahr 1848–wie würden Sie es aus heutiger Sicht beschreiben? Gab es eher Hoffnung oder doch mehr Resignation?

Louise :

„Natürlich war da zunächst große Hoffnung! Ich–
und nicht nur ich, sondern alle in dieser Zeit aktiven
Frauen–spürten den Wind der Veränderung, der
durch den Vormärz und die revolutionären Bewegungen verursacht wurde. Dies habe ich anlässlich
des 25jährigen Bestehens unseres Allgemeinen Deutschen Frauenvereins 1890 in einer Rede deutlich gemacht. Unsere Erwartungen waren hoch; offensichtlich zu hoch, weil unsere Bestrebungen durch die
Reaktion der herrschenden Klasse massiv unter-
drückt wurden. Wir haben deswegen zwar nicht re-
signiert, waren aber maßlos enttäuscht. Es war deswegen besonders schlimm, weil gerade uns Frauen
das politische Engagement verboten wurde. In Preußen, aber auch anderen Staaten wurde zum Beispiel
die Gründung von Vereinen, die sich politisch betäti-
gen wollten, untersagt. Es dauerte noch über zehn
Jahre bis wir unseren Frauenverein gründen konnten.
Vielleicht waren wir auch zu zaghaft oder nicht politisch genug. Eine letzte Anmerkung aus heutiger
Sicht: als ich damals in der Leipziger Arbeiter-Zei-

tung die Bemühungen zur Arbeiterkommission kommentierte, wurde ich ja vom Innenminister Martin Gotthard Oberländer und Finanzminister Robert Georgi zu einem Gespräch gebeten, um Vorschläge zur Lösung der Fragen zur Frauenarbeitsorganisation einzubringen. Obwohl Oberländer in der Rückschau ein ehrenwerter Politiker gewesen ist, bin ich mir heute mehr nicht sicher, ob diese Einberufung lediglich ein Placebo-Manöver gewesen ist. Sie kennen im heutigen Sprachgebrauch den Begriff des Green-Washing; vielleicht war es damals ein Social-Washing, um uns frechen Frauen ruhig zu stellen. Ich kann das heute nicht exakt bewerten!"

Theodor :

„Mir ging es immer um den Nachbarn, den Menschen in meiner Umgebung, die in dieser wirren Zeit Unrecht erlitten. Und es ging mir um meine Heimat –so platt das auch klingen mag!
Wenn ich mich an das Sängerfest in Bredstedt am 10. Juni 1844 erinnere, fällt mir ebenso wie Ihnen, Frau Otto, eine Wortschöpfung aus der heutigen Zeit ein: Fremdschämen!

Was wurden dort für Phrasen gedroschen!

Hier sehen Sie aber auch, wie sehr wir uns sehr im Provinziellem bewegt haben. Die politischen Bewegungen in europäischen Raum habe ich zwar zur Kenntnis genommen, aber es dauerte erstens eine Zeit bis uns Nachrichten über die Unruhen zu Ohren kamen und zweitens war die Auseinandersetzung mit dem Königreich Dänemark unmittelbarer. Letztendlich war 1848 ein Lehrstück und Lernprozess für meine schriftstellerische Arbeit. Es gab diesen kleinen Ausflug in den Journalismus; aber ich tat mich schwer, diesen Versuchen die gewünschte politische Wirkung zu verleihen.

Wie sehr sich meine politische Naivität auf die zukünftige Berufsausübung auswirken sollte, zeigte sich, als ich im Mai 1849 eine Petition unterschrieb, die sich gegen die Personalunion des dänischen Königs und Herzogs richtete.

Vielleicht waren die Repressalien der Obrigkeit nicht so massiv wie bei Ihnen, Frau Otto. Für mich war diese Maßnahme gleichbedeutend mit einem Berufsverbot und zu Kreuze kriechen war nicht meine Sache; dies ließ mein Ehrgefühl nicht zu. Die Folgen waren bitter!

Schlimm war es, nach langem Hin und Her eine Assessorenstelle zunächst ohne Gehalt, dann schlecht bezahlt zu erhalten. Schlimmer war jedoch, dass ich nach Potsdam, nach Preußen gehen musste!

Zu meinen alten Feindbildern Adel und Klerus, die ja nicht verschwunden waren, gesellte sich in Preußen noch die unangenehme Eigenart, Titel, Rang und Orden für wichtiger zu erachten als die Persönlichkeit eines Menschen.

Alles in allem war 1848 für meinen Lebensweg ein einschneidendes Ereignis, das mich neben den Anstrengungen in meinem Brotberuf in der Literatur fortentwickeln ließ. Politik spielte in meinen Schriftwerken fortan nur noch eine beigeordnete Rolle."

Ich :

„Lassen Sie uns zum Schluss kommen. Sie bedienten sich beide zu Beginn Ihrer literarischen Laufbahn der Kunstform der Lyrik. Diese Gedichte hatten einen stark romantischen Einschlag. Heute differenzieren wir zwischen unterschiedlichen Literaturepochen –

Sie lebten in der Zeit der Zeit der Romantik, des Biedermeiers, des Vormärz und des Realismus und entwickelten sich sprachlich und intellektuell dementsprechend weiter. Dennoch meine letzte Frage: Die Blaue Blume–das Symbol der Romantik. Novalis, Joseph von Eichendorff oder Adelbert von Chamisso sind nur einige Vertreter, die Sie beide kennen und schätzen.

Es liegt daher nahe, Sie zu fragen, ob es für Sie einen Zusammenhang zwischen den erlebten Revolutionswirren einerseits und andererseits dem gefühlten Defizit zwischen idealen und tatsächlichen Leben– also einem sehnsüchtigen Gefühl-gegeben hat?

Und vielleicht noch ein Wort zur fiktiven Begegnung im Restaurant Kreutzkamm !

Louise :

„Lassen Sie mich zunächst über unsere vermeintliche Begegnung im Kreutzkamm etwas sagen.

In dieser turbulenten Zeit war es ja oft so, dass sich Gruppen aus den unterschiedlichsten Zusammenhängen trafen, um über die Literatur der Jungdeutschen zu debattieren. Es gab die Radikalen, die

Schöngeister, die Reformer und noch viele andere. Man traf sich in Cafés, in Bibliotheken oder auch in Parks, um sich untereinander auszutauschen.

Auch das Kreutzkamm war ein Treffpunkt gerade für unseren ´Bienenkorb´; wie ich vorhin bereits erwähnte, ist es durchaus möglich gewesen, dass wir uns zufällig begegnet sind.

Es hätte allerdings für meinen weiteren Lebensweg auch keine besondere Bedeutung gehabt; wie Ihr Freund Mommsen, Herr Storm, es schon gesagt hat: Sie wären mir–Entschuldigen Sie bitte den Ausdruck!–zu weich gespült. Ich stand tatsächlich an der Front der Frauen- und Freiheitsbewegung, Sie verhielten sich dagegen viel zurückhaltender!"

Theodor :

„Es sehe das ganz ähnlich! Es mag ja eine nette Idee gewesen zu sein, die Episode in diesem Abschnitt unserer Biografie einzuspielen. Und vielleicht wäre es tatsächlich zu einer Begegnung gekommen, wenn Sie, Frau Otto,–wie Sie bereits erwähnten–wirklich nach Schleswig-Holstein gekommen wären, um die Erhebung zu unterstützen.

In einem Punkt kommt aber diese Fiktion meiner Lebensrealität recht nah; dies betrifft meine Einstellung zu Frauen und mein Wunschbild von Frauen. Der erste Blick galt dem weiblichen Geschlecht im wahrsten Wortsinn, der zweite jedoch der Frau als selbstbewusste, starke Persönlichkeit. Und die ist durchaus in der jungen Frau zu erkennen, die in der fiktiven Gasthausszene geschildert wurde. Es dauerte allerdings eine geraume Zeit bis ich dieses Frauenbild in meiner Literatur abbilden konnte. So sind Elke in meinem `Schimmelreiter` , vielleicht auch in märchenhafter Form verkleidet die ´Regentrude´ zu verstehen."

Louise :

„Ja, in der Tat, es hat nicht viel gefehlt, dann wäre ich mit anderen Mitstreiterinnen zu den Freischaren gegangen, um als Pflegerin in Schleswig-Holstein zu helfen.

Aber kommen wir zur Blauen Blume!

Es ist richtig, dass ich besonders in meiner Mädchenzeit der Lyrik–namentlich der Naturlyrik-sehr nahe stand. Sie war die ideale Gattung, um meine elegisch-sentimentale Grundstimmung zum Ausdruck zu bringen. Und die Natur war ja auch ein wesentlicher Bestandteil in Novalis` Werken.

Vielleicht lag es auch an meiner emotionalen Befindlichkeit in dieser Zeit, in der ich Schwester und Eltern verlor. Romantische Texte waren da ein probates Mittel, um mein Gefühlsleben zu beruhigen. Übrigens gibt es in meiner Lyriksammlung ein Gedicht mit dem Titel Romantik.

Es ist gut möglich, dass ich durch diese Literaturepoche den Anstoß für meine schriftstellerische Laufbahn erhalten habe; ich merkte, dass in unserer Frauen-Zeitung lyrische Beiträge besonders gut bei den Frauen ankamen. Als ich dann sozialkritische Gedichte publizierte, war ich mir sicher, dass auch diese gelesen würden. Zwei Dinge sind mir während dieser Zeit bei mir und im Allgemeinen aufgefallen: ich bemerkte, dass sich Prosa als Literaturgattung besser eignete, kritische Zusammenhänge exakt darzustellen als die Lyrik. Zwar gelang mir mit den ´Klöpplerinnen´ ein öffentlichkeitswirksames Gedicht,, doch letztendlich entschied ich mich dazu, für diese Themen Romane oder Erzählungen zu nutzen. Außerdem stellte ich fest, dass mich die harte Realität aus meinen romantischen Fantasien herausgeholt hat. Ich schwankte also einerseits zwischen meiner Begeisterung für den realen, industriellen Fortschritt und auf der anderen Seite der romantischen Seelenverwandtschaft mit von Eichendorff, Lord Byron oder eben Novalis.

Und damit kommt für mich auch der Sehnsucht-Begriff ins Spiel, von dem Sie in unseren Kurzbiografien gesprochen haben!

Zu meiner Zeit steckte die Psychologie noch in den Kinderschuhen; heute weiß ich, dass dieser Wissenschaftsbereich sich auch mit der Sehnsuchtsforschung beschäftigt. Es wird–vereinfacht gesagt–das Modell der Sehnsucht nach bestimmten Merkmalen untersucht. Ein Phänomen kann ich heute auch bei mir entdecken : die so genannte Dreizeitigkeit.

Es ist von meiner emotionalen Stimmungslage abhängig, welche Gedanken mich intensiv bewegen. Bin ich aufgrund eines besonderen Ereignisses euphorisiert, bin ich ganz in der Gegenwart und auf dem Sprung in die Zukunft. So erging es mir beispielsweise, als ich von der Einladung zu dem Ministergespräch erfuhr. Ich stand immer für soziale Gerechtigkeit und für die Sache der Frauen; dies war nicht nur aus meiner Ratio geboren, sondern die Idee war mit der Macht und Energie meiner Gefühle besetzt. So war ich mir sicher, dass ich das Leben und die Welt der Benachteiligten, insbesondere der Frauen, würde ändern können. Es war mein sehnsüchtigstes Bestreben nach einer besseren Welt!

Es gab auch auch Momente, in denen ich eine rückwärts orientierte Sehnsucht verspürte. Das war zum Beispiel das Verbot unserer Frauenzeitung. Ich war so niedergeschlagen, dass ich ein ganz starkes Heimweh empfand–und zwar Heimweh im ursprünglichen Sinn. Es war der Wunsch, in den Schoß meiner Familie zurückkehren zu können. Zu den Gesprächen mit meinen Eltern, mit meiner Schwester. Dort fühlte ich mich damals aufgehoben und verstanden.

Diese Gestimmtheit hielt zum Glück nicht lange an. Ich war dann doch wohl–insbesondere bei meinen journalistischen Aktivitäten–mehr auf das Jetzt und das Morgen orientiert.

Aber Sie haben Recht–die Sehnsucht in allen ihren Facetten hat durchaus mein Leben bestimmt!"

Theodor :

„Ja, die Sehnsucht! Da treffen Sie einen Punkt in meinem Leben, der von meinen Freunden, meinen Kritikern und später meinen Rezensenten immer wieder bemüht worden ist. Oft wurde ich ja auch der ´Heimweh-Dichter´genannt. Fontane war da ein prominentes Beispiel. Heute gibt es den Begriff Nostalgie, der allerdings nur unzureichend den Sinngehalt des Terminus Sehnsucht beschreibt.

Frau Otto hat recht!

Wir waren Kinder der Romantik! Ich las–wie ein Biograf über mich schrieb–poetische Texte des 18. Jahrhunderts, gefühlvolle Lyrik und Fantasiestücke der Romantiker. Es war die Jugendzeit mit all den Erwartungen, die ein junger Mensch an das Leben hat: die Sehnsucht nach der großen Liebe, nach einem erfolgreichen Schriftstellerleben und einer rosigen Zukunft. Mein erster Gehversuch auf literarischem Terrain war ein kleines Gedicht an meine Freundin aus der Kinderzeit–Emma von der Insel Föhr. Von ´grausam scheiden´,´Rosen, Schmerz und Weh´ ist dort gefühlsbetont die Rede. Auch kann ich mich noch genau an mein erstes, veröffentlichtes Gedicht erinnern: ´Sängers Abendlied´wurde am 27. Juli 1834 im Husumer Wochenblatt gedruckt. Hier wie dort bin ich sehr emotional und erkenne bereits eine Schwermut, die mich mein Leben begleiten wird.

Einen weiteren Berührungspunkt zur Romantik sehe ich in meiner Affinität zu Sagen, Märchen und Volksliedern.

Bereits 1841 stellte ich zusammen mit den Mommsen-Brüdern eine Sammlung von Liedern, Schwänken und eben Märchen zusammen. Und dann hatten wir 1845 das Glück,das unsere Textsammlung ´Sagen, Märchen und Lieder der Herzogthümer Schleswig, Holstein und Lauenburg´veröffentlicht wurde.

Doch je älter und lebenserfahrener ich wurde, desto mehr glitt mir der letzte Zipfel der Romantik aus den Händen. Um die 1860er Jahre hat mich in meinem Schreiben die Realität eingeholt. In ´Immensee´ waren es noch Erinnerungsmotive, doch ´Viola tricolor´ oder ´Aquis submersus´ sind Schicksalserzählungen, die ich als junger Mann nicht hätte schreiben können.

Auch meine Lyrik blieb nicht unbeeinflusst. Wenn Sie gestatten, hier ein kleines Beispiel:

Das ist der Herbst; die Blätter fliegen,

Durch nackte Zweige fährt der Wind;

Es schwankt das Schiff, die Segel schwellen -

Leb wohl, du reizend Schifferkind! --

Sie schaute mit den klaren Augen

Vom Bord des Schiffes unverwandt,

Und Grüße einer fremden Sprache

Schickte sie wieder und wieder ans Land.

Am Ufer standen wir und hielten

Den Segler mit den Augen fest -

Das ist der Herbst! wo alles Leben

Und alle Schönheit uns verläßt.

Auch meiner Heimatstadt Husum habe ich–wie man heute sagen würde–ein Dinggedicht gewidmet.

Immer häufiger habe ich dann–unter anderem–Ereignisse des täglichen Lebens in eine literarische Form gebracht.

Und da kommt trotz der Hinwendung zur Realität immer wieder der Begriff der Sehnsucht ins Spiel!

Alle Merkmale dieses Phänomens haben tatsächlich mein Leben bestimmt: das Wissen um die Unerreichbarkeit meiner privaten Utopie, die Unvollkommenheit meines Lebens und letztlich in der Rückschau die Bewertung meines Lebens. Es waren wahrhaft Tantalosqualen, die ich durchlitt; Liebe und Familie entsprachen nicht meinen idealisierten Vorstellungen. Das Bild einer harmonischen, bürgerlichen Familie bekam besonders durch die Lebensläufe meiner Söhne Risse, die ich letztendlich nicht kitten konnte. Meine Novellen ´Carsten Curator´, ´Hans und Heinz Kirch´ sowie ´Der Herr Etatsrat´ machen diese schlimmen Erlebnisse deutlich.

Wenn heute die Sehnsucht als bitter-süßes Gefühl beschrieben wird, muss ich für mich feststellen, dass die Bitternis die Oberhand behalten hat."

Ich :

„Frau Otto, Herr Storm, herzlichen Dank an Sie beide für Ihre Bereitschaft zu diesem Gespräch. Mich berührt besonders Ihre Offenheit und Ihr selbstkritischer Blick auf Ihr Leben.

Ich möchte gern ein Fazit ziehen; dies ist natürlich durch meine subjektive Wahrnehmung geprägt, und wird wohl kaum dem Resümee entsprechen, das die Nachwelt von Ihnen hat.

Lassen Sie mich mit 1848 beginnen.

Ihr Engagement für den gesellschaftlichen Wandel war zunächst in Ihrer Literatur erkennbar; beide schätzten Sie die ´Jungdeutschen´ und ihre Protagonisten. Auch die Auswirkungen Ihrer Aktivitäten auf den Alltag erscheinen zunächst recht ähnlich. Beide mussten Sie empfindliche Sanktionen erleben. Doch Ihre Reaktionen liefen dann auseinander!

Sie, Herr Storm, gingen–trotz Ihrer bekannten Vorbehalte-ins preußische Exil und die Politik spielte nicht mehr die Rolle, die für Sie, Frau Otto, immer bedeutsamer wurde. Sie gründeten trotz aller Widrigkeiten die ´Frauen-Zeitung´ und mischten sich zunehmend in gesellschaftliche Debatten ein, die nicht nur die Situation der Frau, sondern grundsätzlich die der Unterprivilegierten behandelten. Sie bemühten sich um Kontakte zu politischen Persönlichkeiten der Bewegung, pflegten diese und gingen damit auch ein hohes, persönliches Risiko ein.

Wie Sie in unserem Gespräch einräumten, hatte die Revolutionszeit massive Auswirkungen auf Ihr beider Leben. Den Juristen und Schriftsteller verschlug es nach Potsdam, später Heiligenstadt, der Journalistin und Frauenrechtlerin war es zwar möglich, in Sachsen zu bleiben, dort konnte sie aber nur mit Mühe und Not von ihrem elterlichen Erbe leben. Während Sie, das Nordlicht, die Situation in Heiligenstadt als recht angenehm beschrieben und sich auch Ihre finanzielle Situation allmählich besserte, blieb Ihnen, der Sächsin, lediglich die Anerkennung als ´Lerche des Vorfrühlings´. Allerdings konnten Sie endlich Ihre Liebe August Peters heiraten und beide an der ´Mitteldeutschen Volks-Zeitung´ in Leipzig arbeiten. Zudem trafen Sie dort unter anderen Auguste Schmidt und Henriette Goldschmidt, mit denen Sie 1865 einen Frauenbildungsverein und schließlich den ´Allgemeinen Deutschen Frauenverein´ begründeten.

Durch die allgemein sich verbesserten Lebensbedingungen schafften Sie, Herr Storm, besonders durch Ihre Novellen den Durchbruch als Dichter des Realismus; befreit konnten Sie über Gesellschaft, Politik und ihr tiefes Misstrauen gegenüber Adel und Kirche schreiben. Erst 1864 war es Ihnen möglich, nach dem Sieg der preußisch-österreichischen Truppen über Dänemark in Ihr Husum zurückzukehren. Sie waren nun Landvogt und endlich unabhängig von väterlichen, finanziellen Zuwendungen.

Ihre Lebenswege bis dahin hatten sich also unterschiedlich entwickelt; dort der angesehene Rechtsanwalt und erfolgreiche Schriftsteller, hier die unangepasste Journalistin und Musentochter in ungesicherten, wirtschaftlichen Verhältnissen.

Kommen wir zur Sehnsucht!

Alle Fachleute, die sich mit diesem Phänomen beschäftigt haben beschreiben die Sehnsucht als ein bitter-süßes Gefühl, das von wiederkehrenden Phantasien und intensiven Wunschvorstellungen nach einem anderen, alternativen Leben begleitet wird, das als unerreichbar erlebt wird.

Zunächst ist festzustellen, dass Sie beide–wie Sie, Herr Storm, richtig festgestellt haben–Kinder der Romantik waren. Das heißt, Ihre ersten, literarischen Versuche waren durch romantische, damit auch sehnsüchtige Elemente geprägt. Und bei Ihnen beiden lassen sich die Reste dieser Literaturepoche bis ins hohe Alter feststellen.

Mit zunehmender Lebenserfahrung änderte sich der Stil der Kunst von Ihnen beiden, und ich habe den

Eindruck, dass allmählich auch ein fundamentaler Unterschied in Ihren Gefühlswelten auszumachen ist.

Sie, Herr Storm, lassen in einer Ihrer Novellen eine Kunstfigur sagen ´Es ist doch alles umsonst gewesen´. Es scheint, als sei diese Redewendung für Sie ein wesentliches Merkmal im Rückblick auf Ihr Schaffen gewesen. Für mich ist darin eine Stimmung von Resignation und der Vergeblichkeit allen Tuns zu erkennen. Sie ermöglichten sich durch Ihre Dichtung, mithilfe der kompensatorischen Sehnsucht das Leben auszuhalten. Ihre Erfolge haben Sie dadurch kleingemacht; leider konnten Sie nicht mehr die Drucklegung des ´Schimmelreiters´ erleben und so war es Ihnen nicht möglich, den großen Erfolg dieser Novelle zu genießen. Stattdessen beklagten Sie–ausgerechnet an Ihrem siebzigsten Geburtstag- , dass Sie als Lyriker nicht die angemessene Anerkennung erfahren haben wie Ihr Kollege Geibel. Vielleicht brachte es Ihr Kollege Thomas Mann auf den Punkt: ´Sein bestimmendes Gefühl war ein Heimweh, das durch keine Realität zu stillen ist, denn sie richtet

sich durchaus aufs Vergangene, Versunkene, Verlo-
rene´.

Bei Ihnen, Frau Otto, ist für mich eine andere Versi-
on der Sehnsucht erkennbar; ich sehe bei Ihnen die
kreative Seite dieses unstillbaren Gefühls. Sie hatten
in ihrer Arbeit einen konkreten Gegenwartsbezug,
der die Option auf eine Zukunftsgestaltung eröffne-
te. Mir ist nicht bekannt, ob Sie Thomas Morus gelesen haben. Ihr politisches Streben war einerseits
durch konkrete Forderungen wie zum Beispiel der
Teilhabe von Frauen an der Politik bestimmt; in diesem Zusammenhang ein Zitat von Ihnen: ´Die Teilnahme der Frau an den Interessen des Staates ist
nicht allein ein Recht, sie ist eine Pflicht der Frauen´.
Andererseits ist besonders in Ihrer Lyrik oftmals zu
erkennen, wie sehr es Ihnen an einer humanistischen
Gesellschaft im Sinne der Utopia von Morus gelegen
ist.

Vielleicht wäre Ihnen, Herr Storm, der Satz von Wilhelm von Humboldt hilfreicher gewesen als Ihre
selbstzerstörerische Suche nach Schuld:

´Die Vergangenheit und die Erinnerung haben eine
unendliche Kraft, und wenn auch schmerzliche

Sehnsucht daraus quillt, sich ihnen hinzugeben, so liegt darin doch ein unaussprechlich süßer Genuß.´

Und vielleicht ist es Ihnen heute ein Trost, wenn Sie feststellen, dass von Emanuel Geibel kaum noch die Rede ist, Ihr ´Schimmelreiter´aber immer noch eine angesehene Lektüre in deutschen Schulen ist!

Frau Otto, Ihr unermüdliches Bemühen um Gleichberechtigung und politischer Teilhabe der Frauen war schon zu Ihren Lebzeiten nicht ganz unumstritten. Ich denke da an die unterschiedlichen, intellektuellen Ansätze zu den Ideen von Clara Zetkin oder Luise Astor. Aber in welchem Licht sehen Sie heute Ihre Anstrengungen, wenn auch nach über hundert Jahren festgestellt werden muss, dass die Arbeit von Frauen und Männer immer noch unterschiedlich bezahlt wird?

Doch schließlich sollten die Leserin und der Leser entscheiden, wie sie Ihr Schaffen bewerten und welche Positionen Sie in der Literaturgeschichte beziehungsweise der Geschichte der Frauenbewegung einnehmen .

Nochmals herzlichen Dank!"

Literatur, - Audio - Internetangaben:

„Dem Reich der Freiheit werb´ ich Bürgerinnen"
Die Frauenzeitung von Louise Otto-Peters
Hrsg. Ute Gerhard, Elisabeth Hannover-Drück und
Romana Schmitter
Syndikat Autoren- und Verlagsgesellschaft
Frankfurt/M. 1980

„Louise Otto Peters"
Jahrbuch I/2004
Hrsg. Johanna Ludwig, Elvira Pradel und Susanne
Schötz
Sax-Verlag
Beucha 2010

„Louise Otto-Peters"
Jahrbuch III/2009
Hrsg. Johanna Ludwig, Susanne Schötz und Hanne-
lore Rothenburg
Sax-Verlag
Beucha 2010

„Louise Otto-Peters"
Jahrbuch IV/2014
Hjrsg. Susanne Schötz, Gerlinde Kämmerer und
Hannelore Rothenburg
Sax-Verlag
Beucha 2014

„Eigner Wille und eigne Kraft"
Der Lebensweg von Louise Otto-Peters bis zur Grün-
dung des Allgemeinen Deutschen Frauenvereins
1865
Johanna Ludwig
Leipziger Universitätsverlag
Leipzig 2014

Louise-Otto-Peters- Gesellschaft e.V.
Homepage
Gerichtsweg 28
Leipziger

MEISSEN.NET
System Service Meissen KG
Meissen

RBB Kultur-Radio
„Louise Otto-Peters"
Vorkämpferin der Frauenbewegung
Beitrag vom 4.9.2018

EMMA
„Der erste Scchritt zu unserem Ziel"
Chantal Louis
Frauenverlags GmbH
Bayernturm
Köln

Institut für Frauen-Biografieforschung e.V.
„Louise Otto-Peters"
Luise F. Pusch
Hannover-Drück

TU Dresden
FB Geistes- und Sozialwissenschaften
„Louise Otto-Peters – Selbst ist die Frau"
10.3.2016
Vortrag von Susanne Schötz/Dresden

Geschichte - lernen. Net
Emanzipation im 19. Jahrhundert
„Louise Otto-Peters und ihre Frauen-Zeitung"
Nymphenburgerstr. 25
München

„Schloss und Fabrik"
Louise Otto
Leipzig 1846
Hrsg. Johanna Ludwig der rekonstruierten
Originalfassung
Leipzig 1996

„der freitag"
´Für sie wurde die Lex Otto erfunden´
Beitrag von Claudia von Zglinicki
Berlin 1999

„Mein Lebensgang"
- Gedichte aus fünf Jahrzehnten von Louise Otto -
Verlag Moritz Schäfer
Leipzig 1893

„Die Anfänge der deutschen Frauenbewegung"
Louise Otto-Peters
Ruth Ellen Boetcher Joeres
Fischer Taschenbuchverlag
Frankfurt/M. 1983

„Frauen der Revolution 1848"
Anna Blos
Verlag Kaden & Comp.
Dresden 1928

Bundeszentrale für politische Bildung
Adenauerallee 86
Bonn
Frauenbewegung „Louise Otto-Peters"
Dr. Mechthilde Vahsen

Meißner Tageblatt Verlag GmbH
Am Sand 1 c
Nieschütz
- Chronik 2008 -
S. 71-105

DER SPIEGEL
„Vergessen Sie die Frauen nicht"
Beitrag von Annette Bruhns
27.5.2014

Stiftung Archiv der deutschen Frauenbewegung
Gottschalkstr. 57
Kassel

Sächsische Biografien
"Louise Otto-Peters"
Hrsg. Institut für sächsische Geschichte und Volks-
kunde e.V.
Zellerscher Weg 17
Dresden

FrauenMediaTurm
„Dem Reich der Freiheit werb` ich Bürgerinnen"
Ingrid Strobl
Dokumentationszentrum
Bayernturm/Rheinauhafen
Köln

„Adelige und bürgerliche Frauen (1770-1870)"
Sylvia Paletschek
Albert- Ludwig- Universitäten
Freiburg

„Die Polarisierung der Geschlechtercharaktere"
Karin Hausen
Vortrag von Sarah Abandowitz und Bianca Giesen-
dorf
Ludwig-Maximilians-Universität
München

MDR-Zeitreise
„Magazin für die Frau – zur Geschichte der Frauen-
zeitschriften"
Beitrag von Katharina Beck vom 13.3.2014

„Die Rolle der Frau vom 19. Jahrhundert bis heute"
Bilder und Dokumente zur Deutschen Sozialge-
schichte
Bundesministerium für Arbeit und Soziales
Berlin 2012

Heinrich Heine: Werke und Briefe Bd. 6
„Heinrich Heine über Ludwig Börne"
Ludwig Börne. Eine Denkschrift
Hoffmann&Campe
Hamburg 1978

„wissenschaft, geschlecht, gender, terminologiear-
beit"
die deutsche literaturwissenschaft
Sabine Koloch
epodium Verlagsgesellschaft
München

Europäische Geschichte Online
Hrsg. Leibniz-Institut für Europäische Geschichten
Mainz
„Die 1830er Revolution als europäisches Mediener-
eignis"
Julia A. Schmidt-Funke
„Journalismus"
Jürgen Wilke

„Sächsische Vaterlands-Blätter"
Red. Georg Günther/Carl Eduard Cramer
Dresden/Leipzig
1840-50

Literaturwelt com.
Epochen der deutschen Literatur
- Junges Deutschland und Vormärz -

Hamburger Bildungsserver
Freie und Hansestadt Hamburger
Hamburg
„Literaturepoche Vormärz"
Dr. Axel Sanjosè

„Die Geschichte der Lage der Arbeiter unter dem
Kapitalismus"
Teil I. Bd. 2
Akademie-Verlag
Berlin 1962
zitiert nach Jürgen Kaczynski

Hans Böckler Stiftung
Anfänge der Arbeiterbewegung 1830-1870
Geschichte der Gewerkschaften
„Die Dampfmaschine erobert die Welt"
Hans-Böckler-Str. 39
Düsseldorf

Stiftung Jugend und Bildung
Eduversum - Verlag
Red. Sozialpolitik
Taunusstr. 52
Wiesbaden

ZEIT ONLINE
„Der Weberaufstand"
Wolfgang Büttner
aus: DIE ZEIT Nr. 23/1994

„Frauenleben im 19. Jahrhundert"
Ingeborg Weber-Kellermann
C. H. Beck.Verlag
München 1983

Geschichtswissenschaften im Internet e. V.
Bayerische Staatsbibliothek
Ludwigstr. 16
München
„Hungerunruhen"
Michael Hecht
„Sängerverein und Sängerfest"
Harald Lönnecker

„Deutsches Bürgerbuch für 1845"
Hrsg. Herman Püttmann
Druck&Verlag von Carl Wilhelm Leske/Darmstadt

Lebendiges Museum Online
Stiftung Deutsches Historisches Museum
„Die Revolution von 1830"
von Arnulf Scriba
„Biedermeier"
von Olivia Fuhrich

Xlibris
Rindermarkt 7
München
"Literaturepoche Biedermeier"
Dr. Axel Sanjosè
„Literaturepoche Realismus"
Florian Wolfrum

Schriften des Historischen Kollegs
Hrsg. Stiftung Historisches Kolleg
Kaulbachstr. 15
„Adel und Bürgertum im deutschen Vormärz"
von Elisabeth Fehrenbach

Bundeszentrale für politische Bildung
Informationen zur politischen Bildung Nr. 315/2012
„1800-1850"
Prof. Dr. Jürgen Osterhammel

„Kleinstaatliche Revolution in Sachsen 1830/31 -
Volksbewegung und Obrigkeit"
Rede von Michael Hammer
anlässlich der Horst-Springer-Preis-Verleihung 1995
der Friedrich-Ebert-Stiftung
Bonn

Texte zur Sozial- und Wirtschaftsgeschichte
„Geschlechterverhältnis und bürgerliche Familie im
19. Jahrhundert"
von Reinhard Spree
aus: https://rspree.wordpress.com

Europäische Geschichte Online
Leibniz-Institut für Europäische Geschichte
Alte Universitätsstr. 19
Mainz
„Europäische Kleidermode (1450-1950)"
Gabriele Mentges

Wikisource
„Morgenblatt für gebildete Stände"
Cotta-Verlag
Stuttgart/Tübingen
1807-1865
„Die Gartenlaube"
Illustriertes Familienblatt
Hrsg. und Verlag Ernst Keil
1853-1944

Gesellschaft für schleswig-holsteinische Geschichte
„So lebte man in Schleswig-Holstein…"
Der Weg in die Moderne
Jannik Niestroy

„Hamburgische Bilderbögen"
Paul Neumann
Verlag Hamburgische Bücherei
Hamburg 1849

Gesellschaft für schleswig-holsteinische Geschichte
„Uwe Jens Lornsen"
Eine Verfassung in „Schleswigholstein"
Werner Junge
Wachholtz-Verlag
Neumünster

Geschichte Nordfrieslands
Hrsg. Nordfriisk Instituut i. Zus. Stiftung Nordfries-
lands
Boyens-Verlag 1996
Bredstedt

Christian-Albrechts-Universität zu Kiel
- Kieler Gelehrtenverzeichnis -
Christian-Albrechts-Platz 4
Kiel

„Du graue Stadt am Meer"
Der Dichter Theodor Storm in seinem Jahrhundert
Jochen Missfeldt
Reclam Taschenbuchverlag
Stuttgart 2014

„Der wahre Schimmelreiter"
Die Geschichte einer Landschaft und ihres Dichters
Theodor Storm
Paul Barz
Ullstein-Verlag
Frankfurt/M. - Berlin – Wien 1985

„Wanderer gegen Zeit und Welt"
Theodor Storm
Paul Barz
Aufbau Taschenbuch Verlagsgesellschaft
Berlin 2004

„Theodor Storm"
Künstler – Jurist – Bürger
Gerd Eversberg
Weimarer Verlagsgesellschaft
Weimar 2017

„Theodor Storm zum 200. Geburtstag"
Karl Ernst Lage
Boyens Buchverlag
Heide 2017

„Theodor Storm"
Karl Ernst Lage
Boyens Verlag
Heide 1999

„Liebesqualen"
Theodor Storm und Constanze Esmarch
als Brautpaar
Karl Ernst Lage
Boyens Verlag
Heide 2005

„Kindheitsspuren"
Theodor Storm und das Ende der Romantiker
Heinrich Detering
Boyens Verlag
Heide 2011

„Theodor Storm – Theodor Fontane"
Briefwechsel
Jacob Steiner
Erich Schmidt Verlag
Berlin 1981

Literatur Port:
Gabriele Radecke
„Heimisch werde ich mich hier niemals fühlen"
Theodor Storm in Potsdam

Weimar – Jena
„Die große Stadt"
Vopelius Verlag Jena
„Dabei habe ich den angenehmsten und kurzweiligs-
ten Nachgeschmack von Weimar"
Theodor Storm und Ferdinand Tönnies zu Besuch in
Weimar und Jena im Mai 1886
von Walter Zomorski

Homepage
Theodor-Storm-Gesellschaft
Wasserreihe 31-35
Husum
ZEIT ONLINE
Theodor Mommsen
„Gegen allen Fanatismus"
Alexander Cammann 2017

„Theodor Storms Briefwechsel mit Theodor Momm-
sen" mit einem Anhang:
Theodor Storms Korrespondenzen für die Schleswig-
Holsteinische-Zeitung 1848
Hrsg. Hans-Erich Teitge/Weimar 1996

„Theodor Storm und das 19. Jahrhundert"
Vorträge und Berichte des Internationalen Storm-
Symposiums aus Anlass des 100. Todestages
Theodor Storms
Hrsg. Brian Coghlan und Karl Ernst Lage
Erich Schmidt Verlagsgesellschaft
Berlin 1989

„Theodor Storm"
Briefe I. + II
Hrsg. Peter Goldammer
Aufbau – Verlagsgesellschaft
Weimar 1971

„Das rote Jahrzehnt"
Unsere kleine deutsche Kulturrevolution von
1967-1977
Gerd Koenen
Fischer Taschenbuchverlag
Frankfurt/M. 2002

Lexikon der Psychologie
„Sehnsucht"
Akademischer Verlag
Heidelberg 2000

DER SPIEGEL
Nr. 40 vom 29.9.2018
„Es gibt eine unerträgliche Sehnsucht in vielen von uns"
Gespräch mit Soshana Zuboff

DER SPIEGEL
Nr. 42 vom 13.10.2018
Leitartikel „Wir Zahmen"

„Sehnsucht. Das unstillbare Gefühl"
Wolfgang Hantel-Quitmann
Klett-Cotta-Verlag 2011
Rotebühlstr. 77
Stuttgart

Mein Dank gilt Gerlinde Kämmerer von der Louise-Otto-Gesellschaft sowie Sandra Berndt, wissenschaftliche Mitarbeiterin der Universität Leipzig, die mir mit detaillierten Anregungen und Hinweisen behilflich waren.

Ebenso danke ich Jochen Mißfeldt, der mir beim Start des Projektes durch kritische Anmerkungen zur Person Theodor Storm eine große Hilfe war.

Vor allem aber danke ich meiner Frau Cornelia, die mir viel Zeit für diese Schrift eingeräumt und damit auf etliche Gemeinsamkeiten verzichtet hat.